小实验 大学问

小学科学
实验教学探索与研究

陈盈 ◎ 著

中国出版集团　现代出版社

图书在版编目（CIP）数据

小实验　大学问：小学科学实验教学探索与研究 /
陈盈著. — 北京：现代出版社，2023.10

ISBN 978-7-5231-0550-4

Ⅰ.①小… Ⅱ.①陈… Ⅲ.①科学实验—教学研究—
小学 Ⅳ.①G623.62

中国国家版本馆CIP数据核字（2023）第179821号

小实验　大学问：小学科学实验教学探索与研究

作　　者　陈　盈
责任编辑　刘　刚
出版发行　现代出版社
地　　址　北京市安定门外安华里504号
邮政编码　100011
电　　话　010-64267325　64245264
网　　址　www.1980xd.com
印　　制　北京政采印刷服务有限公司
开　　本　710mm×1000mm　1/16
印　　张　11
字　　数　172千字
版　　次　2023年10月第1版　　2023年10月第1次印刷
书　　号　ISBN 978-7-5231-0550-4
定　　价　58.00元

目录

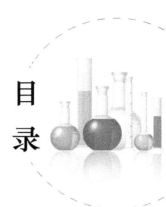

春华秋实——实验教学改进创新

学 海 拾 贝

——必学实验相关知识

一、小学科学实验教学相关概念及内涵

（一）科学

科学一词源于拉丁语"scire"。科学是人类在研究自然现象、发现自然规律的基础上形成的知识系统，以及获得这些知识系统的认识过程和在此过程中所利用的方法。

科学是科学知识、科学方法和科学精神三个方面组成的一个不可分割的有机体，是由一系列的原理、原则和学说组成的知识，既是一种不断前进和自我矫正的探索过程，也是一门探讨科学与社会关系及相互影响的文化现象。科学是通过它的理论，更是通过它的应用，被大多数人所认识，从而在社会生活中普及的。

其基本要素包括：探索、解释、检验等。

探索——人类自下而上对宇宙的探索。

解释——对探索过程中各种事物所做的解释。

检验——对所做解释的检验。

按照联合国教科文组织给出的定义，科学包括自然科学和社会科学。在幼儿园和小学的科学教育里，我们探究的是自然科学领域的问题。

（二）科学知识

科学知识是指人类经过科学研究而积累的，对客观世界和人类自身的系统的认识。这个认识是一个不断修正、不断深入以逐步逼近客观存在的过程。科学知识的表现形式有科学事实、科学概念、科学原理、科学理论和科学模型等。

自古以来，人类就在大自然中进化、生存和发展。人们对自身生命的奥秘以及绚丽多彩又复杂多变的自然界不断进行着探索，不断用不同方式进行解释，包括诗歌、绘画、舞蹈等艺术形式以及哲学、宗教和各种假说等。但是，科学的解释与其他形式不同。科学的语言是基于实证的，有推理和经过归纳的，力求用定量而简明朴素的语言来描述事实，表达概念和规律。

科学知识并不是固定不变的真理，更不是绝对的真理，科学具有开放性。通俗地说，科学知识的得来是有道理的，经过实证证明的，但是，它又是有局限性的，它在科学家不断的探索之中得到修正、发展和深化。无限的客观世界是如此复杂，而且在不断地变化之中，我们人类主观的认识能力与之相比是十分有限的，人类对客观真理的探究总是不断地在曲折中前进。

（三）科学教育

科学教育是一种以传授基本科学知识为载体，以素质教育为依托，体验科学思维方法和科学探究方法，培养科学精神与科学态度，建立完整的科学知识观与价值观，进行科研基础能力训练和科学技术应用的教育。

科学教育是以全体青少年为主体，以学校教育为主阵地，以自然科学学科教育为主要内容，并涉及技术、科学史、科学哲学、科学文化学、科学社会学等学科的整体教育，以期使青少年掌握自然科学的基本知识和基本技能，学会科学方法，体验科学探究，理解科学技术与社会关系，把握科学本质，养成科学精神，全面培养和提高科学素养；并通过培养具有科学素养的合格公民，发展社会生产力，改良社会文化，让科学精神和人文精神在现代文明中交融贯通。

小学科学教育是学校教育的重要组成部分。它与学校中开设的语文、数学等科目有同等重要的位置。

（四）科学课程

科学课程是一门体现科学本质的综合性基础课程，具有实践性。根据研究对象不同，可将科学分为物理学、化学、生物学、天文学、地球科学等分支，这些分支具有研究方法的差异，也共享一些通用的科学方法，呈现出相互渗透、交叉融合的趋势。科学为技术和工程提供了理论基础，在广义的理解中，科学也包括技术与工程。

（五）探究

探究是科学研究的基本方法。热衷于探究是科学家的基本性格组成，也是儿童的天性。从这点上看，科学家很像长大了的孩子，所以，保护儿童的好奇心是十分重要的。保护儿童的好奇心，不仅是为了增加他们学习过程中的动力，而且也是在成就他们终身学习的兴趣和创新的能力。

（六）探究式科学教育

探究式科学教育是在教师和学生共同组成的学习环境中，让儿童亲历科学探究的学习过程。它大致包括：根据实际情景、观察到的现象和可以获得的信息，从儿童已有的知识、对问题的了解和已具有的科学概念（想法）出发，提出问题；对问题的解答进行推测；为证实推测而设计实验或进行观察；收集和整理数据；得出结论和进行交流；提出新的问题……在有些探究课题中，还鼓励学生将学到的科学知识和日常生活相联系。

（七）实验教学

实验教学是利用实验的方法，进行发现、探究、验证知识的一种教学方法；是一种有别于灌输式教学的实践性的教学方法和过程。指导学生科学利用课程教材和教师提供的材料与其他资源，有效地利用现代教育技术和相应的实验教学手段，去观察、实验、分析、综合，发现事物的本质和规律，使其意识到学习是一种极其有趣、充满生机的探索发展活动。

实验教学的基本要素包括提出问题、猜想与假设、制订计划、设计实验、开展实验、观察现象、收集数据、分析论证、评估、交流与合作等。

二、科学中的14个大概念

（一）科学概念

（1）宇宙中所有的物质都是由很小的微粒构成的。

（2）物体可以对一定距离以外的其他物体产生作用。

（3）改变一个物体的运动状态需要有净力作用于其上。

（4）当事物发生变化或被改变时，会发生能量的转化，但是在宇宙中能量的总量总是不变的。

（5）地球的构造和它的大气圈以及在其中发生的过程，影响着地球表面的状况和气候。

（6）宇宙中存在数量极大的星系，太阳系只是其中一个星系——银河系中很小的一部分。

（7）生物体是由细胞组成的。

（8）生物需要能量和营养物质，为此它们经常需要依赖其他生物或与其他生物竞争。

（9）生物体的遗传信息会一代代地传递下去。

（10）生物的多样性、存活和灭绝都是进化的结果。

（二）关于科学的概念

（1）科学认为每一种现象都具有一个或多个原因。

（2）科学上给出的解释、理论和模型都是在特定的时期内与事实最为吻合的。

（3）科学发现的知识可以用于开发技术和产品，为人类服务。

（4）科学的应用经常会对伦理、社会、经济和政治产生影响。

三、《义务教育科学课程标准（2022年版）》实验教学相关内容

（一）课程性质

科学课程有助于学生保持对自然现象的好奇心，从亲近自然走向亲近科学，初步从整体上认识自然世界，理解科学、技术、社会与环境的关系，发展基本的科学能力，形成基本的科学态度和社会责任感，逐步树立正确的世界观、人生观和价值观，为今后学习、生活以及终身发展奠定良好的基础；有助于提高全民科学素质，促进经济社会发展和科技强国建设。

（二）课程理念

激发学习动机，加强探究实践

倡导设计学生喜闻乐见的科学活动，创设愉快的教学氛围，保护学生的好奇心，激发学生学习科学的内在动机；突出学生的主体地位，利用学校、家庭、社区的各种资源，创设良好的学习情境，设计适宜的探究问题，引发学生认知冲突，激发积极思维。倡导以探究和实践为主的多样化学习方式，让学生主动参与、动手动脑、积极体验，经历科学探究以及技术与工程实践的过程；重视师生互动和生生互动，引导学生对所学知识和方法进行总结、反思、应用和迁移，促进学生自主学习和合作学习。

（三）课程目标

探究实践：

探究实践主要指在了解和探索自然、获得科学知识、解决科学问题，以及技术与工程实践过程中，形成的科学探究能力、技术与工程实践能力和自主学习能力。

1. 科学探究能力体现

（1）理解科学探究的一般过程和方法。

（2）提出科学问题，并针对科学问题进行合理猜想与假设。

（3）制订计划并收集证据，分析证据并得出结论。

（4）对结果进行解释与评估。

（5）准确表达观点，反思探究过程与结果。

2. 技术与工程实践能力体现

（1）了解技术与工程实践的一般过程和方法，针对实际需要明确问题，提出有创意的方案，并根据科学原理或限制条件进行筛选。

（2）实施计划，利用工具和材料进行加工制作。

（3）根据实际效果进行修改迭代。

（4）用自制的简单装置及实物模型验证或展示某些原理、现象和设想。

3. 自主学习能力体现

自主确定学习目标、选择学习策略、监控学习过程、反思学习过程与结果。

（四）课程实施

教学建议：

以探究实践为主要方式开展教学活动

探究和实践是科学学习的主要方式，要加强对探究和实践活动的研究与指导，整合启发式、探究式、互动式、体验式和项目式等各种教与学方式的基本要求，设计并实施能够促进学生深度学习的思维型探究和实践。

精心组织，加强监控，让学生经历有效探究和实践过程。科学探究包括提出问题、做出假设、制订计划、收集证据、处理信息、得出结论、表达交流和反思评价等要素，技术与工程实践包括明确问题、设计方案、实施计划、检验作品、改进完善、发布成果等要素。

适时追问，及时点拨，激发学生在探究和实践中的思维活动。教师要随时关注学生的思维状况，渗透思维方法，避免程式化、表面化的说教，通过精心设问、恰当引导等方式，启发学生既重视动手操作，又注重动脑思考，实现学习结果的自我建构，发展学生的思维能力。

学生主体，教师主导，加强教师与学生的有效互动。教师要根据学习要求和学生的学习能力，明确探究和实践任务，放手让学生进行探究和实践，鼓励学生通过自主与合作方式开展活动，并给予必要的指导与支持。

（五）科学教育的十项原则

（1）在义务教育的所有年级，学校都应该设置科学教育项目，以系统地发展和持续保持学习者对周围世界的好奇心，对科学活动的热爱以及对如何阐明自然现象的理解。

（2）科学教育的主要目的应该是使每个人都能够参与有依据的决策和采取适当的行动，这对保证他们个人、社会以及环境的健康和协调发展是重要的。

（3）科学教育具有多方面的目标，科学教育应该致力于：

① 理解一些科学上有关的大概念，包括科学概念以及关于科学本身和科学在社会中所起作用的概念。

② 收集和运用实证的科学能力。

③ 科学态度。

（4）基于对概念的审慎分析以及基于当前对学习是如何发生的有关研究和理解，应该给出为了达到科学教育各个方面目标的清晰进程，指出在不同阶段需要掌握的概念。

（5）应该从学生感兴趣并与他们生活相关的课题开始，逐步进展到掌握大概念。

（6）学习的经验应该明晰地反映出既包含科学知识，也包含科学探究的理念，并且符合当前科学和教育方面的见解。

（7）所有科学课程活动都应该致力于深化学生对科学概念的理解，同时应该考虑其他可能的目标。例如，科学态度和能力的培养。

（8）为学生设置的学习项目以及教师的职前教育和专业发展，都应该与为达到原则（3）中所设置目标需要的教与学的方法保持一致。

（9）评测在科学教育中具有关键的作用。无论是对学生学习过程的形成性评测，还是对学生学习进展的总结性评测，都必须考虑到所有的学习目标。

（10）为了达到科学教育的目标，学校的科学项目应该促进教师之间的合作，并需要社会其他力量包括科学家的参与。

（六）科学教育儿童应该具有的科学态度

（1）好奇心。善于提出问题，并且积极地去寻求答案。

（2）尊重实证。思路开阔，积极主动地去考虑不同的、有冲突的实证。

（3）批判地思考。权衡、观察和对观察到的事实进行评价。

（4）灵活性。积极主动地接受经证实的结论和重新考虑自己的认识。

（5）对变化世界敏感，有尊重生命和环境的觉悟。

（七）探究式科学教育的步骤

第一步：提出问题

教师将学生引入情境，让他们观察和获得有关的信息，逐步聚焦话题。从学生原有的概念和实际理解出发，由教师或在教师帮助下由学生归结出将进行探究的问题。

在这一步中，关键在于两点：一是教师如何将学生引入讨论，并了解学生已有的概念和认识；二是学生往往会提出许多问题，这些问题中，有的适于探究，有的不适于探究，教师要根据教学计划的要求，经过和学生的对话，引导学生集中探究的题目。

第二步：进行第一次集体讨论

学生提出自己对问题答案的推测，经过教师与学生之间、学生与学生之间的讨论，得出学生自己或小组对问题答案的预测，并尽可能用不同方式记录下来。

第三步：经过第二次集体讨论，完成实验设计，以进行调查研究

以每个学生或每个小组为单位，设计如何通过实验或观察来证实自己的预测。在动手进行观察或实验之前，要尽可能地把步骤想清楚，最好记录下来，或制作成要填写的表格等。教师要对可能发生的不安全因素予以强调，对可能明显不完善的地方，可以启发学生进一步完善。

第四步：进行实验和观测

在进行实验和观测的过程中：

（1）要尽可能地让学生直接接触实际的客观世界，运用多种感官去感受现实的世界，包括视觉、听觉、触觉、味觉、嗅觉等，这样做是符合这个年龄阶段儿童大脑的发展特点的。

（2）实验要在可重复和可控制的情况下进行，变量要尽量单一。

（3）注意使用定量的测量工具。

在整个探究过程中会经常需要进行观察，要注意引导学生围绕某个核心的内容或概念做深入的观察，而不要做不集中的、目的不明确的、表面的观察。强调观察要深入和细致，多看看，看仔细一点儿；多想一想，设法改变一下。

第五步：处理信息和数据，并把它们转换成实证

把观察到的信息和实验中获得的数据加以整理和分析，以归纳出现象后面存在的规律。

对小学生来说，进行信息和数据处理这一步是"动脑"的时候，应该逐步引导他们运用推理的思维来进行数据的显示和分析，而不要鼓励他们依靠直接的感知来形成表面的结论。因为在儿童发展的早期，他们常常会依靠感知到的信息形成的直觉来判断事物，形成一些有关科学的初始概念，这些概念往往是不全面的，甚至是不正确的，需要我们通过科学教育，逐步发展他们的推理能力来纠正或改善。

第六步：表达和交流

表达和交流是科学研究的重要环节。组织自己的想法，并设法向别人说明，或是设法说服别人，都是一种重要的思维过程。

在小学的探究式科学教育中，培养学生表达和交流的能力更具有特殊的、重要的意义，因为这个年龄阶段是培养儿童语言能力的重要时期。结合科学教育，让学生掌握科学的语言，描绘他们亲自经历的、丰富而又复杂的实际科学探究过程，可以有效培养学生的书写和口头表达能力。

在进行讨论时，要注意让学生充分表达他们不同的意见和进行争论，最终全班要形成明确的结论，并尽可能用科学的语言记录下来。

形成明确的结论并不意味着要求所有的学生都同意某个结论，更不意味着所有的学生都已经掌握了这个结论中所包含的科学概念。要让学生把最后的结论和自己最初的设想做对比。形成结论后要让学生记录下来，鼓励用不同的形式，用科学的语言来记录。鼓励学生正式在全体同学面前做尽可能完整的表达，可以模仿科学家做科学报告，也可以采用多样的适合儿童表达的形式，但是应该力求保持使用科学的语言。

探究过程中进行的实验或观察没有得到预想的结果，或者是结论和原来的预测不同时，教师一定要坚持实事求是的原则，要告诉学生科学探究中意想不到的情况是经常发生的事，有时我们从失败中会学到比成功更可贵的东西。

第七步：集体讨论，进行回顾；联系生活实践，提出新的问题

不管是对还是错，要用明确的科学语言来表达结果，在儿童原有概念的基础上改善或扩展这些概念。对有的学生来说，概念也可能没有获得改善，因为有的概念要改变是很困难的，不能靠一次探究来完成。在这时，可以给学生补充和拓展相关的知识，鼓励学生提出更多的问题。学生能经过这次探究学习活动引出更多的问题，说明这次探究活动是成功的，即使我们不能对这些问题进行进一步的探究。运用互联网查阅更多的知识，是拓宽视野的好方法，在整个探究过程中都可以运用。

探究过程是组织学生学习的主干，但不是什么知识都可以包含在探究的内容里。教师的某些讲授常常会伴随在探究的过程中，有时教师需要告诉学生仪器和器械的使用方法，有时教师需要扩充和连接知识，有时教师需要启发学生查找资料等。但是，这种讲授是结合在探究的过程中进行的，而不是孤立的灌输。与由教师直接教给学生概念的定义和知识不同，学生是在接触了实际以后，在主动建构概念的过程中去组织新的知识。

四、实验教学在小学科学教学中的重要性

现阶段广大教育工作者已经逐渐摒弃了之前以教授具体知识为前提的教学策略，而逐渐转向到培养学生创新能力与创新思维上，小学科学学科内容汇聚了众多严谨而全面的科学知识，实验教学无疑是帮助学生了解科学知识、探寻科学知识的最有效手段。学生在探究实践活动过程中，不仅可以了解到许多生活中常见并富有科学哲理的知识，还可以探寻之前感兴趣却无法解答的知识。

（一）是社会发展和国家政策要求决定的

2019年11月，教育部发布的教基〔2019〕16号《关于加强和改进中小学实验教学的意见》，其中明确指出：实验教学是国家课程方案和课程标准规定的重要教学内容，是培养创新人才的重要途径；2023年前要将实验操作纳入初中

学业水平考试，考试成绩纳入高中阶段学校招生录取依据。

《关于加强和改进中小学实验教学的意见》总体要求：全面贯彻党的教育方针，落实立德树人根本任务，发展素质教育，努力构建与德、智、体、美、劳全面培养的教育体系相适应的、与课程标准要求相统一的实验教学体系。

1. 夯实基础

开齐开足开好国家课程标准规定实验，切实扭转忽视实验教学的倾向。

2. 拓展创新

不断将科技前沿知识和最新技术成果融入实验教学，丰富内容，改进方式。

3. 注重实效

强化学生实践操作、情景体验、探索求知、亲身感悟和创新创造，着力提升学生的观察能力、动手实践能力、创造性思维能力和团队合作能力，培养学生的兴趣爱好、创新精神、科学素养和意志品质。

（二）是课程性质和学生终生发展决定的

实验教学是国家课程方案和课程标准规定的重要教学内容，是培养创新人才的重要途径，它的重要性是课程性质和学生终身发展决定的。

科学课程的基本理念：

（1）充分发挥实践的独特育人功能，突出学科思想方法和探究方式的学习，加强知行合一、学思结合，倡导"做中学""用中学""创中学"。

（2）倡导设计学生喜闻乐见的科学活动，创设愉快的教学氛围，保护学生的好奇心，激发学生学习科学的内在动机。

（3）突出学生的主体地位，利用学校、家庭、社区的各种资源，创设良好的学习情境，设计适宜的探究问题，引发学生认知冲突，激发积极思维。倡导以探究和实践为主的多样化学习方式，让学生主动参与、动手动脑、积极体验，经历科学探究以及技术与工程实践的过程。

（4）重视师生互动和生生互动，引导学生对所学知识和方法进行总结、反思、应用和迁移，促进学生自主学习和合作学习。

因此小学科学教师一定要重视实验教学在本学科的重要作用，借助更多好的方法推动科学实验活动的有序开展。

（三）是科学学科特有的思维方法决定的

各学科均具有特有的思维方法和工作方法。比如，地理学科以虚拟的经纬线为起点，而科学学科并不是简单的对自然规律的解释，更重要的是要找到研究自然规律的方法。

科学思维是从科学的视角对客观事物的本质属性、内在规律及相互关系的认识方式，主要包括模型建构、推理论证、创新思维等。模型建构体现在：以经验事实为基础，对客观事物进行抽象和概括，进而建构模型；运用模型分析、解释现象和数据，描述系统的结构、关系及变化过程。推理论证体现在：基于证据与逻辑，运用分析与综合、比较与分类、归纳与演绎等思维方法，建立证据与解释之间的关系并提出合理见解。创新思维体现在：从不同角度分析、思考问题，提出新颖而有价值的观点和解决问题的方法。实验教学实施将为学生科学思维训练提供载体及平台。

五、小学科学实验常用方法

1. 观察法

观察法是指在自然条件下，人们通过自身的感觉器官或借助科学仪器，有目的、有计划地对自然现象或社会现象进行观察、收集和分析资料的一种方法。"自然条件"是指对观察对象不加控制、不加干预、不影响其常态；"有目的、有计划"是指根据科学研究的任务，对观察对象、范围、条件和方法做明确的选择，而不是盲目地观察。

观察法是收集第一手资料最基本、最常用的方法，也是进行科学研究的起点。因此，我们要十分重视学生观察技术的培养和观察能力的提高。

2. 探究法

探究法是指学生在学习概念和原理时，教师只提供一些事例和问题，让学生自己通过阅读、观察、实验、思考、讨论、听讲等途径去独立探究，自行发现并掌握相应的原理和结论的一种方法。

科学探究是指以自然及认识自然的科学方法作为特定对象的探究，是人们通过一定的过程及方法对客观事物和现象进行的探索、质疑与研究。科学探究有双重含义，一是科学家用来研究客观世界并根据研究所获证据而做出解释的各种方式；二是人们建构科学知识、形成科学观念、领悟科学研究方法的各种活动。

科学探究是进行科学研究工作的主要方法，也是学生所要掌握的基本技能。探究性实验一般以小组协作学习与学生自主学习相结合，提倡"以问题为中心，自主探索，小组交流，重在发展"。科学探究的一般过程为"提出问题—做出假设—制订计划—实施计划—得出结论—表达交流"。

六、小学科学实验教学现状

（一）实验教学硬件设施不足

由于课标新修订、科学教材更新、实验配备目录未及时修订以及化解大班额等各种原因，导致很多学校科学教学硬件设施不足。在科学实验教学中，实验室与相关实验器材缺一不可。如果没有实验场地或缺少实验器材，科学课上，教师都没有办法为学生进行演示实验，更不用说让学生亲自开展实践活动了。于是就出现科学课教师带领学生学习教材内容，教师没办法对教学内容中的科学现象、科学原理进行验证，只能对科学实验进行理论知识讲解的情况。长此以往，学生的好奇心得不到满足，正确的科学观念无法建构，学生对科学课程的学习兴趣也会渐渐丧失，教学效率也会随之降低。

（二）小学科学专业师资匮乏

目前，很多小学科学课授课教师都是跨专业授课，甚至大部分教师还是兼职教科学。由于师资力量匮乏，很多小学科学教师没有受到过良好的专业知识培训，本身对相关课程知识的掌握就存在严重不足，没有办法对相关教学内容进行有效延伸，没有办法对学生提出的相关科学问题进行专业性讲解，没有办法对科学现象产生的质疑进行合理解释，只能是按照课本内容，进行"搬运式"授课，导致学生对科学概念认识模糊，对科学现象无法准确理解。

（三）实验教学方式过于传统

如今，在小学科学实验教学中，有一些教师只让学生看实验视频，还有一些教师，仅对实验内容进行简单的演示，就要求学生根据教师的演示步骤进行模拟操作。更有甚者，部分教师仍在采用"灌输式"的传统教学方式，这种传统的教学方式并没有顺应新时代教育改革的模式，阻碍了学生科学思维的形成，使本应生动有趣、创新氛围浓厚的科学课堂变得枯燥乏味。这些科学课堂没有发挥科学实验的真正作用，不能调动起学生对科学课程学习的积极性，科学实验教学失去意义，提高综合素养更是无从谈起。

（四）实验教学内容一成不变

当前，科学实验内容大多局限于科学教材范围而非课标，这种情况普遍存在于小学科学实验教学中。大多数科学教师在进行实验设计时，并没有做到从实际生活中寻找与教学内容相切合的实验素材，只是将课本中讲述的实验内容按部就班地挪到课堂中来，这种"还未开始就知道结果"的科学实验，难以提起学生科学学习的兴趣。在科学实验操作环节，教师往往依靠教材中原先的实验步骤进行操作，或是按照自己习惯性操作方式进行实验，这种"经验式"实验教学，成为学生接受新鲜事物的阻碍。

久而久之，生动有趣的科学实验逐渐脱离实际，慢慢由实践转变成理论输入，使科学课程逐渐变得枯燥乏味，学生对科学课程的学习也会觉得越来越吃力，从而很容易产生排斥、抵触的心理。

七、小学科学实验教学实施策略

（一）确保合理的科学实验材料选取

目前，小学科学新教材不同于传统教材，教学方法和学习方法都有很大的不同，实验准备是非常重要的，教师必须在上课前尽可能地做好实验准备。因此，教师应该选取合理的实验材料，充分发挥实验教学的作用。比如，"磁铁"教学时，在材料的准备环节，不是随便准备测试磁铁磁性的硬币，而是有针对性地准备两枚硬币，即一枚是可以被磁铁吸住的新版一角硬币，另一枚是无法被磁铁吸住的老版的一角硬币。学生自行进行探究实验与分析，从中掌握了磁铁无法吸引全部金属的性质，便于学生系统理解磁铁磁性方面的知识。又如，在"运动和力"教学时，教师可以为学生准备玩具车、彩色气球、发条玩具等物品。这些玩具具有一定的趣味性，可以大大地吸引学生的注意力。所以，借助身边常见的实验材料可以凸显学生学习的主观能动性，充分地调动学生积极性，有助于进一步增强学生的实践应用能力，进而取得良好的教学效果和学习效果。

（二）构建良好的科学实验教学情景

为了帮助学生深入理解相关科学知识，做到学以致用，需要教师为学生构建良好的科学实验教学情景，激发学生主动学习的兴趣，提升学习效率。例如，在教学"马铃薯的沉浮"一课时，可提前在讲桌上放置两个烧杯和一个马铃薯，两个烧杯里分别装有同样体积的清水和浓盐水，两杯液体从外观看没有任何不同。演示实验开始，显然马铃薯在两杯液体中沉浮状态大相径庭，学生都十分惊讶并陷入了思考。此时，由教师引导已经融入活动情景中的学生进行深入思考，充分发挥实验教学的思维训练作用。

（三）充分发挥演示实验的示范作用

教师在进行演示实验操作时，要规范自己实验操作的每一个细节，因为这些行为都会成为学生效仿和学习的范例，不规范的实验操作不仅会给学生带来技能和知识上的认知误区，有时甚至还会导致危险。规范化的实验操作有助于学生对知识的掌握和实践能力的培养，对提高课堂教学的效率、保证实验的安全性有重要意义。教师要按规定进行实验操作，做到每一个步骤都规范合理，充分发挥演示实验的示范作用。

（四）加强小组合作实验的实践练习

新课程的重点是培养学生的发散思维，并鼓励实验研究方法的多样化。这种理念主要表现在科学实验教学中，要让学生设计实验，并以不同的方式解决问题，突出个性化学习的特点。在科学教学过程中，教师必须因材施教，加强小组合作实验实践练习，对学生的实验方法进行分类，并对不同小组的实验方法进行指导。同时，教师可以通过分组实验的教学模式，每个小组安排负责人，由小组负责人再安排每一个组员的具体实验操作内容，共同合作，从而达成小组实验目标。

（五）促进多元实验教学评价的完善

评价是促进实验教学优化开展的必要手段，教师在落实改进教学时，务必重视对教学评价的有效实施和完善，以促进实验教学的实效性和多元性。教师须依据课堂观察、交流互动、作业练习等方法来了解学生的科学实验能力，并以此作为评价实施的依据。评价时须采取多元化的手段，关注过程评价和结果评价，把握动态性和开放性原则。评价要从整体和个体两个角度切入，从实内容、器材、步骤、结论等方面对学生进行客观的量化考核。同时，坚持将教师评价、学生自评和同伴评价结合起来，这样不仅可以弥补教师不能全面评价的缺陷，还可以将实验教学成效清楚地呈现出来。

八、小学科学实验"分组实验"策略

小学生活泼好动，具有很强的好奇心，让学生参与实践活动，让他们自主设计实验计划、确定实验步骤，在动手操作中培养探究学习的乐趣。这样不仅可以加强科学教学的直观性，而且在分组实验中，学生有了更多自主探究的空间，在实践中动手、观察、记录出现的现象，归纳实验结果。

（一）课前准备要充分

在实验备课初始阶段，教师应根据科学教材单元的板块进行充分的分析和预判，依照进度整理好每节课需要学习的内容，并提前做好实验计划。在正式开始实验之前，教师须提前一周试做实验，预见学生在实验中会出现的问题并梳理出解决问题的方法；还须提前通知学生准备相关的知识储备或实验材料，并检查是否配备齐全。同时，教师要了解分组实验前的预测情况，了解学生前概念，这些都是影响实验教学的关键因素，教师只有首先了解了学生的学情，才能够准确预测学生分组实验中有可能会遇到的问题，做好预防措施，从而有效指导学生顺利进行分组实验，有效验证实验前的假设。

（二）人员安排要合理

为了确保实验过程中学生的交流与探究，提高实验过程中学生的参与度，一般来说，实验小组由4~6人组成。要特别注意小组中学生的组合方式，尽量将比较优秀、中等及学习能力差的学生平衡搭配在每一个小组中，确保每个小组都有三种不同层次的学生组成，这样有利于不同层次的学生之间互相请教，充分发挥优等生的带头作用，促使其他学生共同进步。

同时，每个小组要推选一名小组长，小组长应具备较强的组织能力、自控能力和探究能力，在实验过程中能够起到协调与组织的作用，这样才能带动组员共同完成实验任务。然后再对组员进行合理的分工，实验记录员和实验汇报员可以采取小组推荐与组内轮换交替进行的方式开展，既体现学生优势又能促进均衡发展。

（三）实验目标要明确

分组实验的目的在于让学生亲身经历实验过程，亲手操作实践；让学生在实验中观察，同时借助小组同伴之间的交流及互助，通过实验不断地发现并总结规律。在小学科学实验教学探究中，关键的环节就是明确实验目标。我们不能假借"学生主体"之名行"随心所欲"操作之实，必须紧紧围绕目标展开实验。所以，教师在正式开始实验之前需要明确探究目标。有了明确的目标，才能克服分组实验的盲目性与随意性，提高实验教学的效率。

此外，分组实验前，一定要让学生制订实验计划，确保计划的周密性，只有这样才能够保证实验教学的有序开展，防止出现秩序混乱的问题。

（四）教学评价要及时

在实验探究过程中，对分组实验进行及时评价也是非常必要的，及时准确的评价不仅能够有效提高学生的合作学习能力和科学素养，同时还具有反馈性及导向性的功能。评价既有学生自评，也有小组之间的互评，此外还包括教师评价。另外，让学生在组内依次互相沟通想法并彼此进行点评也不失为好的做法，让学生在实验中学会观察、学会反思，让思维看得见，让学生的思维真正发生。

总之，对分组实验的合理组织和安排，有利于培养学生的责任感，能使实验有序，操作规范，节省时间；能使学生的情感得以超常表现，充分体现意志机能，缩小能力差异。

九、"实验注意事项"设计策略

"实验注意事项"，有教师把它叫作"实验小提示""友情提示"或"温馨提示"等，是指科学任课教师在实验教学过程中，通过口头语言、板书、幻灯片、微课或视频等形式对学生在实验过程中应该注意的问题进行有效说明与引导，以达到较好的实验教学效果的教学环节。尽管"实验注意事项"在课堂上只占很小一部分，但对提升实验教学效果起着画龙点睛的作用。科学教师要上好一节高质量的实验课，必须加强实验教学指导。

1. "实验注意事项"的主要内容

（1）规范实验操作。主要包括材料的选择、观察的顺序、正确的操作步骤等。小学生掌握的实验操作技能有限，提示主要针对实验过程中较难的地方，如一种新仪器的使用，一个需要多人合作才能完成的操作，或是一个需要精细操作才能得到准确数据的环节等。

（2）关注实验安全。实验安全包括两个方面：学生人身安全和仪器安全。保障学生人身安全是开展实验教学的先决条件，有关人身安全的实验注意事项一般会出现在实验过程存在一定危险性的时候，如要使用剪刀、刀、玻璃制品、化学药品等仪器时。有关仪器使用安全的实验注意事项旨在提醒学生在使用贵重仪器或易碎仪器时要轻拿轻放、防锈、保持干燥等。

（3）落实实验记录。实验记录是分享获得实验结论的依据，是学生合作探究的证据，也是教师评价学生课堂活动效果的参考依据。尽管教师在实验前大多会下发课堂活动记录单，但是学生对动手实验的兴趣远大于填写记录单的兴趣，尤其在没有明确"实验记录员"的情况下，不少小组的课堂活动记录单就成了摆设。因此，在"实验注意事项"中强调做好实验记录是非常必要的。

（4）有效课堂组织。"实验注意事项"可以通过恰当的内容，明确学生实验的开始信号和结束信号，如"当倒计时结束时，同学们停止实验"等。另外，"实验注意事项"还可以就实验材料的领取、归还以及小组成员分工等提出要求，以保证实验的有序性及课堂的有效组织。

2."实验注意事项"的基本特点

（1）指导的针对性。"实验注意事项"不要求面面俱到，而是要根据实际学情以及实验本身的特征，进行有针对性的指导。

（2）内容的简明性。好的"实验注意事项"应该在内容上简单明了，尽量避免累赘多余的部分。通过短短的几句话或是较少的图片，学生就能掌握实验过程中最应该注意的地方，能清晰地明白实验中需要使用的材料、需要探究内容、实验步骤、怎样操作等，同时也有需要注意的细节、哪些不能做等。

（3）形式的多样性。教师可以通过口头强调、幻灯片出示（文字或图片）、在课堂活动记录单上提示、微课或播放视频等方式将实验中要注意的地方告知学生。目前使用较多的一种方式是出示幻灯片，其优点是直观性强。此外，幻灯片居于静态，便于学生在实验过程中随时观看。

厚积薄发

——必知科学实验常识

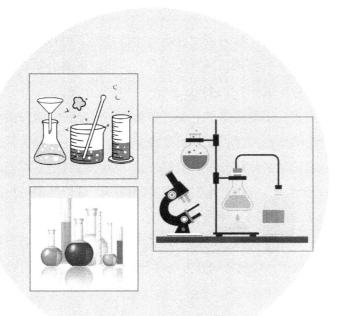

一、小学科学实验分类

（一）根据实验的主体分

1. 演示实验

演示实验是指以教师操作为主，全体学生观察思考，用以配合讲解、建立概念、总结规律、方法指导为目的的实验；也可以由学生来演示，其他学生在课下自己进行实验。

演示实验属于直观教学，演示内容不仅包括教材规定要演示的实验，还应包括教师根据教学需要自行设计的演示内容，以及实验标本、投影片等演示。

演示实验以全体学生集体观察为特点，因而应力求明显、直观、简单、可靠，富有启发性，应抓住实质性、本质性的特性，让学生自己去观察、分析、得出结论。

教师做好演示实验的基本要求：①目的明确。②准备充分，如实验原理、条件、方法、技术、效果等。③重点突出，抓住关键。④方法简便。⑤操作规范。⑥准确、安全。

2. 分组实验

分组实验是学生一人至若干人分成一组，以学生个人独立或合作动手操作为主，在教师的指导下自己完成的实验。

学生分组实验以锻炼实验技能、学习研究方法为主要目的，同时注意培养学生的实验素养；又以学生的个别操作、研究为特点，因而应该突出实验研究的探索方法，加强实验技能的训练，学会过程、方法、结果的处理。

学生分组实验的基本要求：①准备阶段。制订实验计划、准备实验环境、准备实验器材、教师给学生必要的指导。②实验阶段。遵守规则，教师指导，正确操作，细心观察，认真记录，仔细分析，爱护仪器。③总结阶段。首先，分析讨论实验现象、数据和结果，分析产生实验误差的原因，分析共同得出的结论；其次，总结、评估实验的情况，评定实验成绩，表扬效果好的小组和个人，指出不足；再次，根据年级的不同，写出不同层次的实验报告；最后，清扫、整理、清点、排列整齐仪器，经教师同意方能离开实验场所。

（二）根据实验的环境分

1. 实验室实验

实验室实验是指科学教学中，组织学生在实验室里通过各种实验器材人为地控制或改变实验对象的状态或条件，对研究对象开展有目的、有计划地考察的实践活动。

小学科学实验大多是实验室实验。

2. 自然实验

自然实验是指研究对象处于自然环境中和自然状态下，对其进行观察的实践活动。

科学教材中的动植物饲养、种植等活动就要求在自然状态下进行实验，如种子繁殖、养蚕、养蜗牛、做生态瓶等。

（三）根据实验的目的分

1. 探索性实验

探索性实验是指探索研究对象的未知属性、特征以及与其他因素关系的实验。

小学科学实验大多又是探究性实验，如声音的产生、电磁铁、玩转小水轮、物体热胀冷缩实验等。

2. 验证性实验

验证性实验是指对研究对象有了一定的了解，并形成了一定认识或提出了某种假说，为了验证这种认识或假说是否正确而进行的实验。

比如，空气占据空间、光是沿直线传播的、热传导、热水变冷等实验。

（四）根据实验数据是否量化分

1. 定性实验

定性实验是指当我们要判断研究的对象具有哪些性质、判断某种物质的成分、了解其结构或者鉴别某种因素是否存在以及某些因素之间是否有某种关系时所做的实验。

比如，今天的气温比昨天的是高还是低？某种物体放入水中是沉还是浮？某种物体是否具有导电性？纸杯的传热性是强还是弱？

2. 定量实验

定量实验是指为了对研究对象的性质、组成及影响因素有深入的认识，从而对它们之间的数量关系进行探究，揭示各因素之间数量关系的实验。一般来说，定量实验是测定物质性质的大小及有没有、有多少、有多强等。

比如，今天的气温比昨天是高还是低，高多少或低多少？又如，测量浮力的大小、拉力大小、摆的快慢等。

（五）根据实验作用分

1. 析因实验

析因实验是指为了寻找、探索影响某种事物的发生变化过程的主要原因进行的实验。可以说析因实验是由已知结果去寻找其产生结果的原因而设计和进行的实验，如岩石风化、种子传播实验等。

2. 对比实验

对比实验是指为了弄清楚影响事物的内外因素与事物本身的关系，就必须通过实验对影响事物的内外因素进行验证，并加以确定的实验。

小学科学基本上是控制一个变量的对比实验，最重要的是要弄清三个量，即自变量、因变量和无关变量。自变量就是人为改变的变量，因变量就是随着自变量变化而变化的量，无关变量就是保持不变的量。

比如，小车的运动、摆的快慢、热胀冷缩、土壤渗水性等实验均为对比实验。

在"探究小车运动与拉力大小的关系"实验中，自变量是拉力大小，因变量是小车的速度，即随着拉力大小的改变，小车的速度也随着改变，无关变量就是其他的因素，如车重、接触面粗糙程度等。

3. 模拟实验

模拟实验是指在研究工作中，由于研究对象不能或不允许进行实验，为了取得对研究对象的认识，可以在模型上进行实验，模拟研究对象的现象或变化过程的实验。

模拟实验是科学实验的一种基本类型，模拟实验大多用来解决地球宇宙以及暗箱之类的知识，如天体运动、岩石风化、火山喷发、心脏跳动、呼吸作用等。

二、小学科学常用仪器

（一）容器与反应器

-------------- 可直接加热 --------------

1. 试管

试管，科学实验室常用的仪器，用作少量试剂的反应容器，在常温或加热（加热之前应该预热，不然试管容易爆裂）时使用。

☆主要用途

① 盛取液体或固体试剂。

② 加热少量固体或液体。

③ 制取少量气体反应器。

④ 收集少量气体。

⑤ 溶解少量气体、液体或固体的溶质。

⑥ 用作少量试剂的反应容器，在常温或加热时使用。

试管

☆使用注意事项

① 装溶液时不超过试管容量的二分之一，加热时不超过试管容量的三分之一。

② 用滴管往试管内滴加液体时应悬空滴加，不得伸入试管口。

③ 取块状固体要用镊子夹取放至试管口，然后慢慢竖起试管使固体滑入试管底，不能使固体直接坠入，防止试管底破裂。

④ 加热使用试管夹，试管口不能对着人。加热盛有固体的试管时，管口稍向下，加热液体时倾斜约45°。

⑤ 受热要均匀，以免暴沸或试管炸裂。

⑥ 加热时要预热，防止试管骤热而爆裂；加热后不能骤冷，防止破裂。

⑦ 使用试管夹夹取试管时，将试管夹从试管的底部往上套，夹在试管中上部，若将试管长度三等分时，则试管夹夹在靠试管口的那端的三分之一的部位以内为合理。

⑧ 加热应用外焰。

2. 蒸发皿

蒸发皿是用来测量进入大气的水分的蒸发仪器。蒸发皿口大底浅，有圆底和平底带柄两种。最常用的为瓷制蒸发皿，也有玻璃、石英、铂等材料制成的。材料不同，耐腐蚀性能不同，应根据溶液和固体的性质适当选用。

蒸发皿

☆主要用途

蒸发液体、浓缩溶液或干燥固体物质。

☆使用注意事项

① 能耐高温，加热后不能骤冷，防止破裂。

② 应使用坩埚钳取放蒸发皿，加热时用三脚架或铁架台固定。

③ 用蒸发皿盛装液体时，其液体量不能超过其容积的三分之二；液体量多时可直接加热，量少或黏稠液体要垫石棉网或放在泥三角上加热。

④ 加热蒸发皿时要不断地用玻璃棒搅拌，防止液体局部受热四处飞溅。

⑤ 加热完后，需要用坩埚钳移动蒸发皿。不能直接放到实验桌上，应放在石棉网上，以免烫坏实验桌。

⑥ 加热时，应先用小火预热，再用大火加强热；大量固体析出后就熄灭酒精灯，用余热蒸干剩下的水分。

　　　　　　　　　垫石棉网加热

3. 烧杯

烧杯是一种常见的实验室玻璃器皿，通常由玻璃、塑料或者耐热玻璃制成。烧杯呈圆柱形，顶部的一侧开有一个槽口，便于倾倒液体。有些烧杯外壁还标有刻度，可以粗略地估计烧杯中液体的体积。

☆主要用途

① 物质的反应器、确定燃烧产物。

② 溶解、结晶某物质。

③ 盛取、蒸发浓缩或加热溶液。

④ 盛放腐蚀性固体药品进行称重。

烧杯

☆使用注意事项

烧杯用作常温或加热情况下配制溶液、溶解物质和较大量物质的反应容器。

① 给烧杯加热时要垫上石棉网，以均匀供热。不能用火焰直接加热烧杯，因为烧杯底面大，用火焰直接加热，只能烧到局部，使玻璃受热不匀而引起炸裂。加热时，烧杯外壁须擦干。

② 用于溶解时，液体的量以不超过烧杯容积的三分之一为宜，并用玻璃棒不断轻轻搅拌。溶解或稀释过程中，用玻璃棒搅拌时，不要触及杯底或杯壁。

③ 盛液体加热时，不要超过烧杯容积的三分之二，一般以烧杯容积的三分之一为宜。

④ 加热腐蚀性药品时，可将表面皿盖在烧杯口上，以免液体溅出。

⑤ 不可用烧杯长期盛放化学药品，以免落入尘土和使溶液中的水分蒸发。

⑥ 不能用烧杯量取液体。

4. 锥形瓶

锥形瓶是由硬质玻璃制成的纵剖面呈三角形状的滴定反应器。外观呈平底圆锥状，下阔上狭，有一圆柱形颈部，上方有一较颈部阔的开口，可用由软木或橡胶制作成的塞子封闭，该容器可在水浴或电炉上加热。瓶身上多有数个刻度，以标示所能盛载的容量。

锥形瓶

☆主要用途

锥形瓶锥形结构相对稳定，不易倾倒。一般用于滴定实验中，亦可用于普通实验，制取气体或作为反应容器。

☆使用注意事项

① 注入的液体不超其容积的二分之一，过多易造成喷溅。

② 加热时使用石棉网（电炉加热除外）。

③ 锥形瓶外部要擦干后再加热。

④ 使用后用专用洗涤剂清洗干净，进行烘干，保存在干燥容器中。

⑤ 一般不用来存储液体。

⑥ 振荡时同向旋转。

5. 烧瓶

烧瓶是实验室中使用的有颈玻璃器皿，用来盛液体物质。因可以耐一定的热而被称作烧瓶。烧瓶都可用于装配气体发生装置。在化学实验中，试剂量较大而又有液体物质参加反应时使用的容器。

☆主要用途

① 液体和固体或液体间的反应器。

② 装配气体反应发生器（常温、加热）。

③ 蒸馏或分馏液体（用带支管烧瓶又称蒸馏烧瓶）。

烧瓶

小学科学实验用到的烧瓶有圆底烧瓶和平底烧瓶。圆底烧瓶主要用来盛液体物质，特别适于加热煮沸液体。平底烧瓶主要用来盛液体物质，可以轻度受热。

☆使用注意事项

① 注入的液体不超过其容积的三分之二，不少于其体积的三分之一。

② 加热时使用石棉网，使均匀受热。

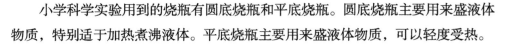

不能加热的

6. 集气瓶

一种广口玻璃容器，瓶口平面磨砂，能跟毛玻璃保持严密接触，不易漏气。

☆主要用途

用于收集或储存少量气体；用于观察气体的燃烧，及物质在该气体中的燃烧的反应。

☆使用注意事项

集气瓶

① 不能加热。本仪器不可加热，加热容易炸裂，如需加热，需要用圆底烧瓶和烧杯。

② 铺细沙或水。物质在集气瓶中燃烧时要在瓶底铺细沙或水，以防炸裂。

7. 广口瓶

瓶口相对较大的一种瓶子。实验室中常使用玻璃制的广口瓶用于盛装固体药品等。

☆主要用途

用于盛放固体。有透明和棕色两种，棕色瓶用于盛放需避光保存的试剂。

广口瓶

☆使用注意事项

① 不能用于加热。

② 取用试剂时，瓶塞要倒放在桌上，用后将瓶塞塞紧，必要时密封。由于瓶口内侧磨砂，跟玻璃磨砂塞配套，且与瓶塞一一对应，切不可盖错。

③ 摆放时标签向外。

8. 细口瓶

一种用于存放液体试剂的玻璃容器，细口方便液体倾倒，并且能够避免试剂挥发，因此口比较小。

☆主要用途

用于存放液体试剂。有透明和棕色两种，棕色瓶用于盛放需避光保存的试剂。可以装固体（粉末状固体）。

细口瓶

☆使用注意事项

① 不能用于加热。

② 取用试剂时，瓶塞要倒放在桌上，用后将瓶塞塞紧，必要时密封。由于瓶口内侧磨砂，跟玻璃磨砂塞配套，因而不能盛放强碱性试剂。

如果盛放碱性试剂，要改用橡皮塞。

③ 摆放时标签要向外。

④ 倾倒时标签向手心，残液流下才不会腐蚀标签。

⑤ 把瓶塞拿下时应倒放在桌面。

（二）计量器

1. 温度计

温度计是可以准确地判断和测量温度的工具，分为指针温度计和数字温度计，实验室使用的玻璃管温度计是应用最广泛的一种温度计，其结构简单、使用方便、准确度高、价格低廉。

☆主要用途

用于测量物体的温度。

☆使用方法

① 先观察量程，分度值和0点，所测液体温度不能超过量程。

② 温度计的玻璃泡全部浸入被测的液体中，不要碰到容器底或容器壁。

③ 温度计玻璃泡浸入被测液体后要稍等一会儿，待温度计的示数稳定后再读数。

④ 读数时温度计的玻璃泡要继续留在液体中，视线要与温度计中液柱的上表面持平。

☆使用注意事项

① 使用前应进行校验。

② 温度计要与被测物体充分接触（玻璃泡全部浸入被测的液体中），在温度计液柱不升不降（液柱稳定）的情况下读数。

③ 温度计不能脱离被测对象单独读数。否则，测得的温度不准确。

④ 读数时，视线应与温度计外的液柱齐平（视线与温度计垂直）。

⑤ 在测温前千万不要甩温度计。

⑥ 切不可用作搅拌棒。

温度计

2. 量筒

量筒是实验室中使用的一种量器，主要用玻璃，少数（特别是大型的）用透明塑料制造。量筒为竖长的圆筒形，上沿一侧有嘴，便于倾倒，下部有宽脚以保持稳定。圆筒壁上刻有容积量程，供使用者读取体积，筒壁自下而上印有刻度。

☆主要用途

用于测量物体体积，通常用来测液体体积。

☆使用方法

① 怎样把液体注入量筒？

向量筒里注入液体时，应用左手拿住量筒，使量筒略倾斜，右手拿试剂瓶，使瓶口紧挨着量筒口，使液体缓缓流入。

量筒

② 量筒的刻度应向哪边？

如果量筒的刻度面背着人，视线要透过两层玻璃和液体，若液体是混浊的，就看不清刻度，而且刻度数字也变形，所以刻度需面对着人。

③ 什么时候读出所取液体的体积数？

注入液体后，等1～2分钟，使附着在内壁上的液体流下来，再读出刻度值。否则，读出的数值偏小。

④ 怎样读出所取液体的体积数？

手拿量筒使其自然垂直，视线与量筒内液体的凹液面的最低处保持水平，再读出所取液体的体积数。否则，读数会偏高或偏低。

☆ 使用注意事项

① 不能作反应容器。

② 不能加热。量筒是玻璃器皿，加热会使之变形，从而影响其准确度，尤其是反复长期加热、高温加热。

③ 不能储存药剂。量筒是量器，不是容器，不适合存储液体。

④ 不能量取热溶液。如果量过热或过冷的液体，都不准确。

⑤ 不能用去污粉清洗，以免刮花刻度。量筒都是不允许刷洗的，因为刷洗会磨损量筒内壁，造成量筒的内容体积变化，从而影响量筒的准确度。

⑥ 观察读数时，视线需要与液体的凹液面的最低处（或凸液面的最高处）持平。

3. 托盘天平

托盘天平，一种实验室常用的称量用具。由托盘、横梁、平衡螺母、刻度尺、分度盘、指针、刀口、底座、标尺、游码、砝码、铭牌等组成。

☆ 主要用途

用于称量物体的质量，是一种常用衡器。

托盘天平

☆ 使用方法

① 要放置在水平的地方，游码要指向红色0刻度线。

② 调节平衡螺母（天平两端的螺母）使指针对准中央刻度线，直至天平横梁水平位置平衡。

③ 左托盘放称量物，右托盘放砝码。根据称量物的性状应放在玻璃器皿或洁净的纸上，事先应在同一天平上称得玻璃器皿或纸片的质量，然后称量待称物质。

④ 砝码不能用手拿，要用镊子夹取。千万不能把砝码弄湿、弄脏（这样会让砝码生锈，砝码质量变大，测量结果不准确），游码也要用镊子拨动。

⑤ 添加砝码从估计称量物的最大值加起，逐步减小。托盘天平只能称准到0.1克。加减砝码并移动标尺上的游码，直至指针再次对准中央刻度线。

⑥ 物体的质量=砝码的总质量+游码在标尺上所对的刻度值（$m_左$=$m_右$+$m_游$）。

⑦ 取用砝码必须用镊子，取下的砝码应放在砝码盒中，称量完毕，应把游码移回0点。

⑧ 称量干燥的固体药品时，应在两个托盘上各放一张相同质量的纸，然后把药品放在纸上称量。

⑨ 易潮解的药品，必须放在玻璃器皿上（如小烧杯、表面皿等）里称量。

☆使用注意事项

① 调好平衡的天平如果移动了位置，须重新调节。

② 天平平衡后，不要更换两个托盘的位置，否则要重新调节天平的平衡。

③ 被测物体的质量不能超过天平的最大量程。

④ 往盘里增减砝码时要轻拿轻放，用后及时放回砝码盒。

⑤ 砝码不能用手拿，要用镊子夹取，使用时要轻放轻拿。使用游码时，也不能直接用手移动，须用镊子拨动。

⑥ 判断天平横梁是否平衡时，不一定要等指针静止下来，只要指针在零刻度线左右摆动的幅度相等，即可判断天平横梁平衡。

⑦ 要保持天平干燥、清洁，不要用手摸托盘，不准把潮湿的东西或化学药品直接放在天平托盘里。

（三）夹持器

1. 铁架台

铁架台是由铁制平稳底座与垂直于底座并固定在铁座上的一根铁棍组成，用以放置和固定化学反应装置，使反应操作安全、方便。根据不同的化学反

应，可在铁棍上配置能上下移动的铁圈、烧瓶夹、滴定
管夹、冷凝管夹、铁夹等附加器械，若需加热时，铁架
台上可放置酒精灯等加热装置。

☆主要用途

铁架台是铁制品，配有上下移动、大小不同的铁环、
铁夹，用以固定或放置反应器。铁圈有大小号之分，铁夹
有烧瓶夹和冷凝管夹等。在夹持玻璃仪器时，要垫纸、布
或胶皮，松紧要适度以免夹碎，以不会转动、滑下为准，
通过装有反应器的铁架台重心的垂线，其垂足一定要在底
座以内，以防倾倒。

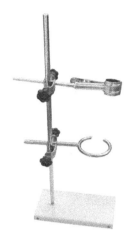

铁架台

☆使用方法

① 持夹和铁夹须配合使用。持夹的两端为旋柄，它的一端固定在立柱上，
另一端用来固定铁夹。固定铁夹的一端凹面应朝上，便于支持和固定铁夹。

② 用铁夹固定试管和烧瓶时，应先松开铁夹的螺丝，套上仪器后，左手按
紧铁夹，右手旋动螺丝，直至仪器不能转动为止。旋动铁夹的螺丝时不可用力
过猛，以防夹破仪器。

③ 用铁夹固定外径较小的容器时，可在铁夹两边套上胶管或缠上布条，以
缩小铁夹的口径。

④ 注意重心。铁架台自身较重是保证实验过程中仪器稳定的重要因素。但
在夹持仪器时，应尽可能地使仪器夹持在铁架台的台面上方，使重心落在台面
中间，不倒塌，不倾斜。尤其在高位上固定较重仪器（盛反应物多）时更应注
意。在铁架台上固定仪器时，必须使零件跟铁架台的底座在同一侧，以免整个
装置的重心超出底座而使铁架台翻倒。

⑤ 防锈。铁架台的各部分都是铁质材料，为防止生锈应涂上防锈层，一般
用银粉或深色耐腐油漆。使用时要注意保护防锈层，不使其破损，尤其不要让
酸、碱液滴洒在铁架台上。使用完毕应擦干并放在干燥处。

⑥ 缺口向上。许多铁夹、铁圈是用双缺口螺丝固定在立柱上的。两个缺口
相互垂直，一个套在立柱上，一个插入铁夹棒或铁圈棒，插铁夹棒或铁圈棒的
缺口必须向上，以免在装卸或使用过程中由于螺丝松动而跌落。

⑦ 用铁架台夹持仪器时，应由下至上逐个调整固定。

☆使用注意事项

① 使用时要注意保护防锈层，不使其破损。

② 在铁架台夹持玻璃器具时，要在铁夹与玻璃器具间垫纸，以防夹碎。

2. 试管夹

夹持试管的仪器，一般为木制（也有竹制的），表面平整、挺直、无毛刺、无节疤、无裂纹、木身经脱脂干燥处理。

☆主要用途

用于夹持试管，以便实验。

☆使用方法

从试管底部套入，夹在距试管口三分之一处或中上部。夹完以后，手立即放到长柄处，拇指不要按在短柄上。取下时，一样从下端取下，始终不接触管口。加热试管时须不停地振荡试管，使受热均匀。

试管夹

☆使用注意事项

① 防止腐蚀、烧灼。

② 手握长柄，大拇指按在长柄上（注意：大拇指不能按在短柄上）。

（四）取用药品的仪器

1. 滴管

滴管是一种科技产品，由橡皮乳头和尖嘴玻璃管构成，分胖肚滴管和常用滴管。

☆主要用途

吸取或加少量试剂，以及吸取上层清液，分离出沉淀。

滴管

☆使用方法

① 使用滴管时，用手指捏紧橡胶乳头，赶出滴管中的空气，然后把滴管伸入试剂瓶中，放开手指，试剂即被吸入。

② 取液后的滴管应保持橡胶头在上方，不要平放或倒置，防止溶液倒流而腐蚀橡胶头。

③ 滴加液体时，应把它悬空放在烧杯上方，不要接触烧杯壁，以免沾污滴

管或造成试剂的污染。

④ 不要把滴管放在试验台或其他地方，以免沾污滴管。

⑤ 用过的滴管要立即用清水冲洗干净，以备再用。

⑥ 严禁用未经清洗的滴管再吸取其他的试剂（滴瓶上的滴管不要用水冲洗）。

☆使用注意事项

① 滴加时，滴管要保持垂直于容器正上方，避免倾斜，切忌倒立，不可伸入容器内部，不可触碰到容器壁。除吸取溶液外，管尖不能接触其他器物，以免杂质沾污。不可一管二用。

② 普通滴管用完需要清洗，而专用滴管不可清洗，需专管专用，用完放回原试剂瓶即可。

③ 使用时，不要只用拇指和食指捏着，还需用中指和无名指夹住。

2. 药匙

药匙是用于取用粉末状或小颗粒状的固体试剂的工具。大多数药匙只有一个勺，通常由金属、牛角或者塑料制成。有些药匙两头各有一个勺，一大一小，实验者可以根据用药量大小选择。

☆主要用途

可用于取用粉末状药品，操作要领是一斜、二送、三直立。

☆使用方法

先将试管倾斜，把盛药品的药匙（或者纸槽）小心地送入试管底部，再使试管直立起来。

☆使用注意事项

① 根据试剂用量不同，药匙应选用大小合适的。

② 不能用药匙取用热药品，也不要接触酸、碱溶液。

③ 取用药品后，应及时用纸把药匙擦干净。

④ 药匙最好专匙专用，用玻璃棒制作的小玻璃勺子可长期存放于盛有固体试剂的小广口瓶中，无须每次洗涤。

药匙

3. 镊子

镊子是取用的一种工具，用于夹取块状药品、金属颗粒、毛发、细刺及其他细小东西的。

☆主要用途

可用于夹取细小东西。

☆使用方法

不同的场合需要不同的镊子，一般要准备直头镊子、平头镊子、弯头镊子各一把。

☆使用注意事项

实验中使用的镊子不可使其加热，不可夹酸性药品，用完后必须使其保持清洁。

镊子

（五）其他仪器

1. 漏斗

漏斗是一个筒型物体，被用作把液体及粉状物体注入入口较细小的容器。漏斗的种类很多，常用的有普通漏斗、热水漏斗、高压漏斗、长颈漏斗、分液漏斗和安全漏斗等。小学科学教学中一般用6厘米短颈漏斗。

☆主要用途

漏斗是过滤实验中不可缺少的仪器。过滤时，漏斗中要装入滤纸。滤纸有许多种，根据过滤的不同要求可选用不同的滤纸，科学教学可使用普通滤纸；应根据漏斗的尺寸购买相应尺寸的滤纸。

漏斗过滤实验

☆使用方法

① 将过滤纸对折，连续两次，叠成90°圆心角形状。

② 把叠好的滤纸，按一侧三层，另一侧一层打开，呈漏斗状。

③ 把漏斗状滤纸装入漏斗内，滤纸边要低于漏斗边，向漏斗口内倒一些清水，使浸湿的滤纸与漏斗内壁贴靠，再把余下的清水倒掉，待用。

④ 将装好滤纸的漏斗安放在过滤用的漏斗架上（如铁架台的圆环上），在漏斗颈下放接纳过滤液的烧杯或试管，并使漏斗颈尖端靠于接纳容器的壁上，为了防止液体飞溅。

⑤ 向漏斗里注入需要过滤的液体时，右手持盛液烧杯，左手持玻璃棒，玻璃棒下端靠紧三层滤纸处，烧杯杯口紧贴玻璃棒，待滤液体沿杯口流出，再沿

玻璃棒顺势流入漏斗内。

注意：流到漏斗里的液体的液面高度不能超过滤纸高度。

☆使用注意事项

① 漏斗过滤实验需要注意一贴，二低，三靠。一贴是漏纸要贴紧漏斗，可用一点儿水使漏纸贴紧。二低，一是漏纸要低于漏斗口，二是液体表面要低于漏纸。三靠，烧杯要靠玻璃棒，玻璃棒要靠漏纸，漏斗的下面要靠盛液体的烧杯。

② 过滤必须用到玻璃棒引流，不可直接将滤液倒入漏斗，滤纸要完好无破损，否则会影响过滤效果，承接滤液的烧杯要洁净，否则会使得到的滤液受到污染。

③ 当液体经过滤纸沿漏斗颈流下时，要检查一下液体是否沿杯壁顺流而下，注到杯底。如果没有，应该移动烧杯或旋转漏斗，使漏斗尖端与烧杯壁贴牢，就可以使液体顺杯壁下流了。

2. 酒精灯

酒精灯是以酒精为燃料的加热工具，由灯体、棉灯绳（棉灯芯）、瓷灯芯、灯帽和酒精五大部分所组成，被广泛用于实验室、工厂、医疗、科研等。

☆主要用途

在化学实验中常用酒精灯进行低温加热。

① 作为热源灯具。

② 进行焰色反应。

③ 微生物实验室用来灭菌等。

④ 玻璃仪器加工。

⑤ 其他工艺品制作。

酒精灯

☆使用方法

① 左手扶灯身，右手摘下灯帽，口朝下扣放在桌子上。

② 划着火柴，从侧面接近灯捻点燃酒精灯。

③ 熄灭火柴，将熄灭的火柴梗投入污物桶。

④ 用酒精灯外焰加热。

⑤ 熄灭酒精灯时，左手扶灯身，右手取灯帽，快而轻地盖上。如果为玻璃

灯帽，待火焰熄灭后，提起灯帽，再盖一次。

☆使用注意事项

① 使用前检查灯身内酒精量，如不足，则需添加，酒精不得超过酒精灯容积的三分之二，不低于容积的四分之一。

② 使用酒精灯前检查灯芯，除掉烧焦部分，剪齐灯芯。

③ 取下灯帽或熄灭酒精灯时，一定扶好灯身，以免打翻酒精灯。

④ 熄灭酒精灯时，要用灯帽盖灭，不能用嘴吹灭酒精灯。

⑤ 绝对不可用一盏酒精灯点燃另一盏酒精灯，否则容易着火。

⑥ 绝对禁止向燃着的酒精灯内添加酒精，以免着火。

⑦ 万一洒出的酒精在桌面或者其他物体上燃烧起来，不要惊慌，要迅速用事先准备好的湿抹布盖灭。

酒精灯的构造

3. 玻璃棒

玻璃棒是化学实验中使用，玻璃质细长棒状简易搅拌器，也称玻棒。

☆主要用途

① 在过滤等情况下转移液体的导流。

② 用于溶解、蒸发等情况下的搅拌。

③ 对液体和固体的转移。

④ 引发反应，如引燃红磷。

⑤ 使热量均匀散开。

玻璃棒

☆使用方法

① 溶解实验用来搅拌加速溶质溶解，促进互溶。

② 过滤时引流，蘸取液体。

③ 蒸发实验在蒸发皿中搅拌，以防止因受热不均匀而引起的飞溅等。

☆使用注意事项

① 搅拌时不要太用力，以免玻璃棒或容器（如烧杯等）破裂。

② 搅拌不要碰撞容器壁、容器底，不要发出响声。

③ 搅拌时要以一个方向搅拌（顺时针、逆时针都可以）。

4. 研钵

研钵是实验中研碎实验材料的容器，配有钵杵。常用的为瓷制品，也有由玻璃、铁、玛瑙、氧化铝材料制成的研钵。

研钵

☆主要用途

用于研磨固体物质或进行粉末状固体的混合。

☆使用方法

硬质材料（如瓷或黄铜）制成的通常是碗状的小器皿，用杵在其中将物质捣碎或研磨。

☆使用注意事项

① 按被研磨固体的性质和产品的粗细程度选用不同质料的研钵。

② 进行研磨操作时，研钵应放在不易滑动的物体上，研杵应保持垂直。

③ 大块的固体只能先压碎再研磨，不能用研杵直接捣碎，否则会损坏研钵、研杵或将固体溅出。

④ 研钵中盛放固体的量不得超过其容积的三分之一。

⑤ 研钵不能进行加热，切勿放入电烘箱中干燥。

⑥ 洗涤研钵时，应先用水冲洗，耐酸腐蚀的研钵可用稀盐酸洗涤。研钵上附着难洗涤的物质时，可向其中放入少量食盐，研磨后再进行洗涤。

5. 表面皿

表面皿是玻璃制的，圆形状，中间稍凹，与蒸发皿相似。

☆主要用途

① 可以用来做一些蒸发液体的工作，它可以让液体的表面积加大，从而加快蒸发。但是不能像蒸发皿那样加热，需垫上石棉网。

表面皿

② 可以做盖子，盖在蒸发皿或烧杯上，防止灰尘落入蒸发皿或烧杯。

③ 可以做容器，暂时盛放固体或液体试剂，方便取用。

④ 可以做承载器，用来承载pH试纸，使滴在试纸上的酸液或碱液不腐蚀实验台。

☆使用方法

① 先将表面皿洗净、烘干才能使用。

② 作气室鉴定时，将两片表面皿，利用磨成的平面合成气室，用一张试剂浸湿的试纸，贴附在上面的一片表面皿上，被鉴定的化合物放在下面的一片表面皿上，必要时加温，观察反应中生成气体，从试剂的颜色改变来鉴定气体。

③ 观察白色沉淀或混浊物时，可以将表面皿底壁放一张黑色纸，则白色生成物便可清晰可见。

④ 做各种仪器盖子，只要利用它的弧形放在仪器口上，放稳即可，但要注意按仪器的口径选择表面皿。

⑤ 做烧杯盖子，按烧杯容量选用不同直径的表面皿。

☆使用注意事项

表面皿是玻璃制的，易碎，使用时须防摔、防割伤。

6. 试管刷

试管刷，又叫管子刷、吸管刷、清孔刷、扭丝刷、管道刷等，是一种应用非常广泛的毛刷产品，主要是由铁丝（钢丝）做骨架，上面带有许多排列整齐向外伸展的细刷丝构成。

试管刷

☆主要用途

① 试管刷在科学实验室中主要用于清洗试管。

② 可以清洗管道两侧和顶部。

③ 可以用来清除精加工后孔表面的微小毛刺，从而提高内孔的光洁度，一般提高一小级至一大级。

☆ 使用方法

① 将要清洗的试管湿润或灌入二分之一容积的蒸馏水。

② 再将试管刷伸进试管内部，使顶端硬毛紧贴试管底部，然后上下拉动试管刷手柄清洗试管内壁，同时转动试管刷。

③ 清洗完毕后取出试管刷，若试管内部的蒸馏水既不聚成水滴，也不成股流下，即清理干净。

④ 随后将试管倒放在试管架上即可。

☆ 使用注意事项

① 要依据试管、量筒等试验器具的形状、高度等参数的不同而选择合适的试管刷清洗。

② 用试管刷刷洗试管时，须转动或上下移动试管，但用力不能过猛，以防止损坏试管或者有腐蚀性的化学物质会导致受伤害，因此应做好预防措施，且要格外小心。

③ 试管内壁附有油脂，不能用自来水刷洗，因为油脂不溶于水，而需要用特定的清洁液清洗。

④ 及时洗涤试管。因为在当时容易判断残留物的性质，有些化学实验，及时倒去反应后的残液，试管内壁不会留有难以去除的残留物，但搁置一段时间后，挥发性溶剂逸去，就有残留物附着在试管内壁，使洗涤变得更加困难。

7. 显微镜

显微镜是由一个透镜或几个透镜的组合构成的一种光学仪器，是人类进入原子时代的标志。

☆ 主要用途

显微镜是主要用于放大微小物体为人的肉眼所能看到的仪器。

☆ 使用方法（低倍镜）

① 把显微镜放在桌面的左侧，镜臂冲向胸前，坐下进行操作。用手转动粗调螺旋，使镜筒上升，然后转动

显微镜

物镜转换器，使低倍镜对准镜台中央圆孔（当转动到听见"咔"声响，或同时亦感到有阻力时立即停止转动，说明物镜已与镜筒成一直线）。

②对光：拨动聚光镜底部圆环的小柄，使光栏完全打开。旋转聚光镜升降螺旋，使聚光镜上升到和镜台相平。用左眼（两只眼睛都要睁开）在目镜上观察，同时用手调整反光镜，对好光源。要求视野达到完全均匀明亮。

③放置玻片标本：取蛙血玻片标本放在镜台上，有盖玻片的一面朝上。玻片两端用移动器夹住，然后转动螺旋，使玻片上要观察的标本对准镜中央圆孔。注意，镜台上的刻度可以标示玻片的坐标位置。

④调节物距：转动粗调螺旋，使低倍镜距玻片标本0.5毫米左右。注意：必须从显微镜侧面观察物镜与玻片的距离。切勿用眼在目镜上观察的同时转动粗调螺旋，以防镜头碰撞玻片造成损坏。用左眼从目镜上观察，用手慢慢转动粗调螺旋下降镜台，当视野中出现物像时，再调节细调螺旋，直至视野中出现清晰的物像（许多椭圆形的红细胞）为止。如果物像不在视野中央，可稍微移动玻片位置（注意：移动玻片的方向与观察物像移动的方向恰好是相反的）。

☆使用注意事项

①持镜时必须是右手握臂、左手托座的姿势，不可单手提取，以免零件脱落或碰撞到其他地方。

②轻拿轻放，不可把显微镜放置在实验台的边缘，应放在距边缘10厘米处，以免碰翻落地。

③保持显微镜的清洁，光学和照明部分只能用擦镜纸擦拭，切忌口吹手抹或用布擦，机械部分可用布擦拭。

④水滴、酒精或其他药品切勿接触镜头和镜台，如果沾污应立即用擦镜纸擦净。

⑤放置玻片标本时要对准通光孔中央，且不能反放玻片，防止压坏玻片或碰坏物镜。

⑥要养成两眼同时睁开观察的习惯，以左眼观察视野，右眼用以绘图。

⑦不要随意取下目镜，以防止尘土落入物镜，也不要任意拆卸各种零件，以防损坏。

⑧ 使用完毕后，必须复原才能放回镜箱内，其步骤是取下标本片，转动旋转器使镜头离开通光孔，下降镜台，平放反光镜，下降集光器（但不要接触反光镜）、关闭光圈，推片器回位，盖上绸布和外罩，放回实验台柜内，最后填写使用登记表（反光镜通常应垂直放置，但有时因集光器没提至应有高度，镜台下降时会碰坏光圈，所以这里改为平放）。

三、小学科学实验基本操作

（一）药品的取用

1. 固体药品的取用

（1）取用试剂的药匙应干燥洁净，它的两端分别为大、小两个匙，取用较多试剂用大匙，取少量试剂或所取试剂要加入小口径的试管中时，则用小匙，用过的药匙必须洗净和擦干后才能使用，以免沾污试剂。

（2）称量固体试剂时，应注意不要多取。多取的药品不能倒回原瓶，可放在另一容器中，贴上标签，供再用时取用。

（3）一般固体试剂可以放在干净的纸上或表面皿上进行称量。

（4）往试管中特别是湿试管中加入固体试剂，用药匙或将药品放在由干净光滑的纸对折成的纸槽中，伸进试管约三分之二处，迅速竖起试管，使药品顺利滑入试管底部，不至于粘在试管内壁。加入块状固体试剂应将试管倾斜，使其沿试管内壁慢慢滑下，以免碰破试管底部。

2. 液体药品的取用

（1）倾注法。逐渐倾斜烧杯或试剂瓶，让液体沿着洁净容器（烧杯、试管）的内壁流下，或者沿着洁净的玻璃棒注入容器（烧杯、试管）中。取出所需量后，应将烧杯或试剂瓶口在容器口边或玻璃棒上靠一下，再逐渐竖起烧杯或试剂瓶，以免留在瓶口的液滴流到瓶的外壁。悬空而倒是错误的。

（2）用滴管取用液体。用手指紧捏滴管胶帽，排出管中的空气。然后将滴管插入试液中，放松手指吸入试液。再提取滴管垂直放置在试管口或承接容器上方将试液逐滴滴下。

（3）切不可将滴管伸入试管中，滴管只能专用。

（二）物质的加热

1. 直接加热

在小学科学实验室中，只有烧杯、试管、蒸发皿等极少数仪器能用作直接加热的容器。它们可以承受一定的温度，但不能骤热和骤冷。因此，加热前必须将器皿外壁的水擦干，加热后不能与水或潮湿物局部接触。

直接加热试管中的液体时，试管中受热液体的量不得超过试管高度的三分之一，用试管夹夹持在试管的中上部大约距离管口四分之一处。加热时试管不能直立应稍微倾斜，管口不要对着自己或别人。为了使其受热均匀，先加热液体的中上部，再慢慢往下移动，并不时地移动和振荡，以防止局部过热产生的蒸汽带液体冲出。

2. 间接加热

在小学科学实验室中，只有烧杯、试管、蒸发皿等极少数仪器能用火焰直接加热。因为剧烈的温度变化不仅会造成仪器损坏，而且由于局部太热，还可能造成仪器内物质的分解。所以，在小学科学实验中，还常根据具体情况，采用以下两种方法进行间接加热。

（1）垫石棉网加热。这是一种最常用的加热方法。烧杯、烧瓶等仪器都可以在置于三脚架或者铁架台（带铁圈）上的石棉网上进行加热。

（2）水浴。当被加热的物质要求受热均匀且温度不超过100℃时，可将仪器浸入热水中进行加热，这就是水浴。水浴有专用的水浴锅，分为铜制和铝制，型号很多。实验室中若无水浴锅，也可以用大烧杯代替。

（三）常用仪器的洗涤

1. 振荡洗涤

又叫冲洗法，对于可溶性污垢可用此法处理。利用水把可溶性污垢溶解而除去。为了加速溶解，必须振荡。往容器内加入不超过容器容积三分之一的自来水，稍用力振荡后倒掉，反复冲洗数次。

2. 毛刷刷洗

容器内壁有不易冲洗掉的污垢，可用毛刷刷洗。准备一些适用于各种容器的毛刷，如试管刷、烧瓶刷、烧杯刷等。用毛刷蘸水或洗涤液对容器进行刷洗，利用毛刷对器壁的摩擦使污物去掉。

3. 浸泡洗涤

又叫药剂洗涤法。利用药剂与污垢溶解和反应转化为可溶性物质而除去。对于不溶性的，用水刷洗也不能除去的污物，就要考虑使用药剂或者洗涤液来洗涤。例如，用洗涤液洗涤，先把仪器中的水倒尽，再倒入少量铬酸洗涤液，使仪器倾斜并慢慢转动，让仪器内壁全部被洗涤液浸润，转几圈后将洗涤液倒回原处。用热洗涤液浸泡一段时间效果更好。

触类旁通

——必做探究实践活动

1～2年级

 实验一：观察描述常见物体的特征

在观察中比较

【实验基本信息】

教育科学出版社一年级科学上册"比较与测量"单元。

【实验目的】

1. 运用比较的方法观察物体的长、宽、高等特征。

2. 用做标记的方法记录物体的长、宽、高等特征，并能基于自己的记录用排序的方法描述和记录观察的结果。

【实验方法及步骤】

探究活动：观察图片上的恐龙，比较它们的大小

实验指导： 如何判断恐龙的大小，从哪些地方可以看出它们大小不同？我们只有通过观察后进行比较，才能知道恐龙的大小。比较的方法可以是各个方面的，如长、短；高、矮；胖、瘦。

实验要求： ①四人小组，分工合作；②可以有多种比较方法；③观察结果记录在课堂活动记录单上。

材料准备： 恐龙模型、课堂活动记录单。

实验步骤：

1. 学生分组自主设计实验方案，确定比较方法。

实验指导：比大小可以细化为比高矮、比长短、比宽窄（如果学生的描述是口语化的"胖瘦"，教师可以引导为宽窄）。

2. 学生使用记号笔完成相应卡片恐龙轮廓图编号工作（教师指导）。

3. 分组活动：先观察恐龙实物模型，然后利用卡片恐龙轮廓图开展比较大小的探究活动。

4. 使用带刻度的纸带比较恐龙大小。

实验指导：提醒学生记录结果并进行个别辅导。

5. 交流实验中的发现。

【实验结论】

使用不同的比较方法，采用不同的标准，可能会有不同的结果。

【实验教学拓展反思】

交流研讨是学生思维输出、概念建构的重要过程。在研讨和板演的过程中，鼓励学生用科学语言、手势辅助等形式表达比较方法和比较结果，并引导学生对探究活动进行反思，认识到运用不同方法进行观察与比较，可能会有不同的结果。

【课堂活动记录单】

大	比一比	小
方法1：	方法2：	方法3：

实验二：观察空气的特点

认识一袋空气

【实验基本信息】

教育科学出版社一年级下册"我们周围的物体"单元。

【实验目的】

1. 借助其他物体，感知无法直接进行观察到的空气的存在。

2. 如实地记录和描述空气的特征。

【实验方法及步骤】

探索活动一：用以下材料来证明我们周围到底有没有空气

材料准备： 餐巾纸、保鲜袋、圆形卡片。

实验步骤：

1. 教师展示实验材料，学生分组讨论选择实验材料、确定实验方法，并进行实验结果预设。

预设1：保鲜袋鼓起来，说明空气被装起来了。

预设2：餐巾纸飘起来，说明空气在流动。

预设3：圆形卡片扇一扇有风，说明有空气在流动。

预设4：保鲜袋鼓起来，一放手，有风，这就是空气。

预设5：……

2. 各小组选择需要的材料并开始实验。

3. 实验交流分享：我们周围有空气吗？依据是什么？

探究活动二：观察空气特征，并与水、木块特征进行对比

材料准备：水、木块、两只保鲜袋、课堂活动记录单。

实验指导：怎么观察空气有什么特征？板书观察方法：看、闻、摸、掂……

实验步骤：

1. 领取材料：两只保鲜袋、水和木块。

2. 分组实验：用保鲜袋收集一袋空气并观察。

3. 把空气的特征说给同伴听并记录在课堂活动记录单上。

4. 交流实验中的发现。

【实验结论】

空气是一种无颜色、无气味、透明、会流动、抓不住、摸不着的气体。

【实验教学拓展反思】

学生反馈交流环节，教师可以利用已观察过的水、食用油、木块等材料的特征，与空气特征进行对比，帮助学生加深对空气特征的理解；特别是无颜色与透明这两个特征的区分。教师适时板书，如无颜色、无气味、透明、会流动、抓不住、摸不着的气体等。

实验三：观察水的特点

观察一瓶水

【实验基本信息】

教育科学出版社一年级下册"我们周围的物体"单元。

【实验目的】

1. 运用对比的方法研究瓶中的水与其他物体之间的异同，知道水是没有颜色、没有气味、没有味道、没有固定形状、透明、会流动的液体。

2. 根据观察到的现象，如实用科学词汇描述对水的观察结果。

【实验方法及步骤】

探索活动一：观察比较水与洗发液

材料准备：水、洗发液、筷子、课堂活动记录单。

实验步骤：

1. 领取实验材料：水和洗发液各一瓶、筷子一根。

2. 学生讨论实验方法及主要事项。

实验指导：怎样观察比较水与洗发液？可以用眼睛看、鼻子闻、手摸（因为洗发液不能食用，在此教师要及时提醒实验过程中不能用"尝"的方法）等。

注意事项：

① 看一看。颜色和透明度有什么相同和不同呢？

② 闻一闻。视频演示闻的标准操作方法，并指出这样做对安全的重要意义（闻的标准操作方法：打开瓶盖，左手持瓶身，右手从瓶口上方将空气扇向鼻子，闻到气味即可盖上瓶盖）。

③ 摸一摸。教师讲解手摸对比方法：用筷子在洗发液中沾一下，滴到食指上，再用拇指搓捻；用同样的方法把水滴在另一只手的食指上，搓捻后进行对比。

3. 分组观察、比较水和洗发液（先看一看，再闻一闻，最后摸一摸）。边观察、讨论，记录员边做好记录。

4. 观察好后，整理实验器材（东西摆放整齐、打扫桌面）。

5. 学生交流研讨实验发现。小组汇报水与洗发液的异同，其他学生补充，记录在课堂活动记录单上。

探索活动二：观察比较水、洗发液和木块的不同和相同

材料准备：水、洗发液、小木块若干、各种形状和大小的容器、课堂活动记录单。

实验步骤：

1.分组观察、比较洗发液、水和木块。

2.学生交流自己的想法，教师适时进行演示实验，学生说观察发现。

演示实验：往不同形状的容器里倒液体。

3.各小组完成课堂活动记录单。

4.交流实验中的发现。

（1）水与洗发液能流动，木块不能流动。

（2）水和洗发液的形状随容器形状发生变化，它们没有固定形状；木块的形状不随容器的变化发生变化，它有固定形状。

【实验结论】

活动一结论：①水：无颜色、无气味、透明、能流动。②洗发液：乳白色、有香味、不透明、能流动。

活动二结论：水是没有颜色、没有气味、没有味道、没有固定形状、透明，会流动的液体。

【实验教学拓展反思】

引导学生运用多种感官观察水，并能用科学词汇准确描述。知道水是一种液体、一种重要的物质，与我们的生活密切相关。透明与白色是两种不同的特征，部分学生概念模糊，教师需要帮助学生学会识别并懂得分辨。

【课堂活动记录单】

物体特征记录表

特征物体	颜色	气味	黏性	流动状态	固定形状
水					
洗发液					
木块					
我们的发现：					

实验四：观察常见材料的外部特征

认识物体的形状

【实验基本信息】

教育科学出版社一年级下册"我们周围的物体"单元。

【实验目的】

1. 在摆放活动中，发现不同物体和同一物体不同面占据空间的效果不一样。

2. 知道不同形状的物体的每个面形状有的是不同的，有的是相同的。

3. 尝试运用数字描述摆放结果，组织图表信息和整理测量结果，感受物体占据空间。

【实验方法及步骤】

探索活动：尝试用不同的方法把物体装进盒子

材料准备：盒子、小方块（正方体）、小球（球体）、橡皮（长方体）、螺母（六面体）、课堂活动记录单。

实验步骤：

实验指导：什么是铺一层？预设：平铺、不能叠起来。

1. 分组领取实验材料并观察四种物体的每个面的形状。

2. 同组的4个同学2人一队，一队铺小方块（正方体），另一队铺小球（球体），同一队2个同学轮流在盒子里平铺一层，完成后和另一队交换物体同样轮流在盒子里平铺一层，并将数据记录在小组的课堂活动记录单上。

3. 同组的4个同学2人一队继续实验，一队铺橡皮（长方体），另一队铺螺母（六面体），同一队2个同学轮流在盒子里平铺一层，完成后和另一队交换物体同样轮流在盒子里平铺一层，并将数据记录在小组的课堂活动记录单上。

4. 交流实验中的发现。

（1）每种物体在盒子里平铺一层需要多少个？

（2）观察橡皮和螺母各平铺一层的数量，发现了什么？

预设：同一种物体不同小组的铺法不同，铺满一层的数量不一样。

（3）这是什么原因引起的？

预设：不同的平面大小不一样。（教师演示：橡皮、螺母这两种物体每个面的形状大小不一样，因此铺满同样大小的地方数量不同）

（4）小球和小方块换个面铺数量会发生改变吗？

预设：不会，因为各个面大小相同

【实验结论】

小球和小方块这两种物体每个面形状都一样，所以无论怎么换面铺，数量都一样；而橡皮和螺母这两个每一面形状大小都不一样，所以数量发生改变了。

【实验教学拓展反思】

在本节课中，教师在指导学生认识物体形状时，不能仅仅停留在平面形状上，更要指导学生认识立体形状（球体、正方体、立方体、六面体等），并发现不同形状的不同特点对于占据空间的影响。

【课堂活动记录单】

每种物体在盒子里平铺一层需要多少个？

第（　　）小组　　　　　　　　　　　　　　　　　　　　日期：

学号	小方块	小球	橡皮	螺母

实验五：观察某些物质在水中的溶解现象

它们去哪里了

【实验基本信息】

教育科学出版社一年级下册"我们周围的物体"单元。

【实验目的】

1. 观察和描述食盐、红糖、小石子在水中发生的变化，并用简单示意图进行记录。

2. 观察和描述红糖在水中的溶解过程，形成"像红糖那样在水中变成肉眼看不见、均匀分布的现象，叫溶解"的描述性概念。

【实验方法及步骤】

探索活动一：三种物质在水中的变化

材料准备： 烧杯、红糖、石子、水、勺子、搅拌棒、课堂活动记录单。

实验步骤：

1.分组领取实验材料。

2.学生先做出假设，然后按照下列步骤进行操作。

（1）观察红糖的样子，并记录。

（2）将红糖放入水中，不搅拌，进行观察并记录。

（3）充分搅拌，静置，记录最后的状态。

（4）用勺子捞取，看看是否还能将红糖从水中捞出来。

（5）相互交流发现。

记录要求：

（1）用点的大小表示颗粒大小。

（2）用斜杠的多少表示颜色深浅。

实验指导：每一步必须完成记录才能进行下一步操作；搅拌棒可以根据学生记录情况适时发放。

3.交流实验中的发现。

按照上述操作步骤，将红糖换为石子进行操作，记录结果并进行比较。

红糖和石子放到水里的现象一样吗？

预设：红糖进入水中后，向四面八方分散，越来越小，最后完全被水所接纳，均匀地和水混合在了一起，这个现象就叫作"溶解"。

探索活动二：探究食盐能否在水中溶解

材料准备：烧杯、食盐、水、勺子、搅拌棒、课堂活动记录单。

实验步骤：

1.学生推测：像刚才那样操作，食盐在水中会发生什么变化，会不会溶解？

2.引导学生将观察到的现象用示意图记录。

【实验结论】

活动一结论：石子在水中没有变化，红糖在水中溶解了（看不见，颗粒变小，没有消失）。

活动二结论：食盐在水中溶解了（看不见，颗粒变小，没有消失）。

【实验教学拓展反思】

本节课主要进行水与固态物体的混合，观察水与物体混合前后发生的变化，这样一个持续的动态观察过程，对学生来说是一个挑战，需要耐心和静心。学生通过实验观察将认识到：有些物质能溶解在水中，有些物质很难溶解。

【课堂活动记录单】

几种物质放入水中的实验记录单

物质	放入前	刚放入水中	充分搅拌后
小石子	◯		
红糖	◯		

 实验六：探究磁铁对物体的吸引作用

磁铁能吸引什么

【实验基本信息】

教育科学出版社二年级下册"磁铁"单元。

【实验目的】

1. 通过"磁铁能吸引哪些物体"的探索活动，知道磁铁能吸引铁一类物体。

2. 通过多次测试识别物体是否含有铁。

【实验方法及步骤】

探索活动：磁铁能吸引哪些物体

材料准备： 条形磁铁、回形针、铁钉、易拉罐、玻璃珠、长尾夹、木片、纸片、铜导线、水龙头、橡皮筋、铅笔、塑料尺、橡皮、砖块、石子、沙子、课堂活动记录单。

实验步骤：

1.学生分组，了解实验步骤。

①编号。②预测。③实验。④记录。

2.各组领取检测器材，按教师要求统一编号，记录在课堂活动记录单里。

3.进行预测，不能吸引打"×"，能吸引打"√"，记录在课堂活动记录单上。

4.分发磁铁，进行实验，实验前教师要强调实验的规范操作。

用条形磁铁轻轻接近被测物体，观察物体是否被磁铁所吸引。为了让实验结果更准确，每种物体应该重复测三次。

5.记录实验结果，整理实验材料。

6.交流实验中的发现，协助学生完成课堂活动记录单表格最后一列（组成材料）。

【实验结论】

磁铁能吸引的物体都是铁做的。

实验指导：科学家测试过很多材料，他们发现磁铁不但能吸铁，还能吸镍和钴。

【课堂活动记录单】

磁铁能吸引哪些物体

物体编号	预测结果	实验结果	组成材料
1	×	×	沙子
2			
3			
4			
5			
6			
7			
8			
9			

实验七：观察常见的植物　

观察一种植物

【实验基本信息】

教育科学出版社一年级上册"植物"单元。

【实验目的】

1. 能利用多种感官观察一棵植物的外部形态特征，知道植物具有根、茎、叶等结构，并能识别其他植物的根、茎、叶等结构。

2. 能用简单示意图准确记录观察到的信息，并能用科学词汇描述观察到的信息。

【实验方法及步骤】

探索活动：观察菊花

材料准备： 菊花盆栽、课堂活动记录单。

实验步骤：

1. 展示菊花图片，说说怎样观察一棵植物。

观察方法：用眼睛看，还可以用手摸、用鼻子闻等。

2. 整体观察讲台上的菊花盆栽，说说看到的情况。

实验指导： 在学生的观察过程中渗透观察方法，即由整体到部分、由远及近等。

3. 给每个小组准备一盆菊花放在中间，让学生了解观察方法，学会进行简单的实验记录。

4. 学生近距离观察菊花的根、茎和叶。

5.交流观察到的信息。

实验指导：在交流中强调听和说的习惯，尝试给出规范的语言指引。

6.记录观察结果。

实验指导：正确使用课堂活动记录单。填写好日期后，对照真实的植物，教师示范画植物的顺序、方法，强调记录时要真实、客观。学生边观察边记录，尽量将各个部位画得真实。

7.学生上台展示自己的图画，结合图画，交流实验中的发现。

实验指导：鼓励学生用科学的语言来描述更多的特征和发现。

【实验结论】

一棵植物具有根、茎、叶等结构。

【实验教学拓展反思】

观察一棵大树，先整体再局部。树有多大、多高（可以和小朋友比一比），茎有多粗（双手环抱），叶是什么样的（和菊花的叶子比一比），大树上可能还有小动物。

【课堂活动记录单】

先画土	我画的植物 日期_____
再画茎	
然后画根	
最后画叶	

实验八：观察常见的动物

观察一种动物

【实验基本信息】

教育科学出版社一年级下册"动物"单元。

【实验目的】

1. 学生通过观察，认识蜗牛的壳、口、触角、眼、腹足等结构，知道这些结构能满足它们的生存需要。

2. 通过观察蜗牛在不同物体上的爬行，发现蜗牛身上各结构的作用。

3. 通过棉签触碰蜗牛，发现蜗牛的应激反应。

4. 能如实地记录和描述蜗牛的形态结构，树立认真细致、实事求是的科学观察态度。

【实验方法及步骤】

探索活动：观察蜗牛的外形结构、应激反应和运动

材料准备：蜗牛、培养皿、放大镜、棉签、菜叶、玻璃片、细线、树枝、课堂活动记录单。

实验步骤：

1. 布置任务：每个小组观察一只蜗牛，比一比谁发现的特点最多，并将蜗牛画下来。

2. 每组小组长领取蜗牛（可以利用实验室培养皿放置蜗牛），开始观察。

3. 在观察活动中，根据小组观察情况，分发放大镜（每人1个），引导学生进行细致观察，实事求是地画图。

4. 分发棉签，用棉签轻轻触碰蜗牛，观察蜗牛的反应并在课堂活动记录单上记录。

5. 分发菜叶、玻璃片、细线、树枝，让蜗牛在不同的物体上爬行，观察蜗牛的运动并记录。

6. 交流实验中的发现。

【实验结论】

1. 蜗牛的身体结构。

蜗牛的身上长有壳、触角（2对）、眼睛（2只）、口、腹足等。

2. 蜗牛身体上的各个结构发挥了什么作用（主要交流蜗牛的运动本领）？

蜗牛的壳有保护作用，当棉签触碰蜗牛时，蜗牛会缩进壳里；蜗牛的触角（眼睛）在爬行时总是挥来挥去，像在探路；将蜗牛放在菜叶上时，蜗牛有时会啃食菜叶；蜗牛可以在多种物体上爬行，本领之强与腹足的特征密切相关。（初步感受蜗牛的形态结构与功能相适应）

【实验教学拓展反思】

一年级学生使用放大镜并不是非常熟练，需要教师指导学生对蜗牛进行仔细观察。虽然已经经历一个学期的科学学习，但一年级学生的文字能力还是非常有限，教师依旧需要重点指导学生利用画图记录观察所得。在科学情感上，需要培养学生对于动物观察的浓厚兴趣，学会细致观察、交流倾听，并做到不打扰、不伤害小动物。

实验九：利用太阳的位置辨认方向

太阳的位置和方向

【实验基本信息】

教育科学出版社二年级上册"我们的地球家园"单元。

【实验目的】

1. 借助一定的工具或方法，能设计并开展实地观察活动，初步会利用太阳在天空中的位置辨认方向。

2. 能利用太阳位置辨别东、南、西、北方向及冷热变化。

【实验方法及步骤】

探索活动：利用太阳辨认方向

材料准备： "东" "南" "西" "北" 方向卡片、"清晨" "中午" "傍晚" 卡片、课堂活动记录单。

实验步骤：

1. 以小组为单位（8人一组）到操场找一个太阳能够照到的地方。

2. 小组讨论，根据当时上课时间和太阳在天空中的位置确定东、南、西、北四个方向。

3. 小组商量分工，7张卡片分别由7个学生拿着，剩下的1名学生根据太阳的方位指挥卡片摆放的位置。

4. 8个学生分别站在卡片对应的位置，面对不同时间的太阳，辨别自己前后左右的方向。

实验指导： 提醒学生不要直接观察太阳，以免灼伤眼睛。

5. 学生分组活动，及时完成课堂活动记录单。

6. 交流实验中的发现。

【实验结论】

1. 太阳在一天中的位置是东—南—西顺时针变动。

2. 太阳升起的方位是"东"，落下的方位是"西"，在中午时，我们面向太阳，前面是"南"，背后是"北"。

3. 一天中，下午2时最热。地面热量来自太阳辐射，只要地面吸收太阳热量大于地面向外散发的热量，地面就会持续升温。白天因太阳辐射的变化，地面热量吸收由少到多，正午12时，太阳辐射最强，地面吸收的热量需要一段时间才能使气温升高，所以下午2时地面气温达到最高。

【实验教学拓展反思】

学生可以借助一定的学习工具——"十字"方向盘等，开展利用太阳辨别方向的实践活动，帮助学生建立起利用太阳辨别方向的基本方法。再通过学生自主交流，引导学生掌握利用太阳运动规律辨别方向的方法，同时感受一天中冷热的变化，帮助学生将太阳位置与人类生活联系起来。

【课堂活动记录单】

观察时间：□清晨　　□中午　　□傍晚

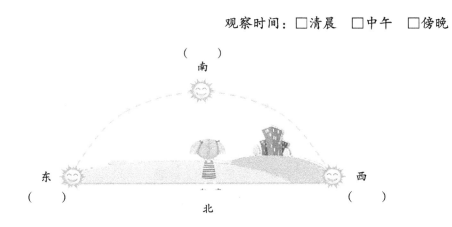

实验十：观察不同形状的月亮

观察月相

【实验基本信息】

教育科学出版社二年级上册"我们的地球家园"单元。

【实验目的】

1. 通过实际观察，了解月相就是我们看到的月球明亮部分的形状，知道月相是变化的，不同的夜晚月相不相同，有时月相亮面大，有时月相亮面小。

2. 在实际观察中，能用图画或剪贴等方法来记录和描述月相变化的过程。

【实验方法及步骤】

探索活动：观察记录月相

材料准备：铅笔、橡皮、提前准备的月相照片、课堂活动记录单。

实验步骤：

活动一：观察月相

1. 分组观察月相的照片，说说这些月相有什么变化呢？

2. 交流：不一样，有的月相是圆的，有的月相是弯的。

3. 追问：谁能说得更具体一些呢？

实验指导：通过观察，我们发现月相会发生变化。

活动二：记录月相

1. 思考：怎么把月相画下来？

2. 示范：教师示范月相画法，学生观察学习。

实验指导：画完月相以后，别忘了写上日期。

3. 学生观察最近一个月的月相变化图。（出示一个月的月相变化图）

4. 操作：学生根据提示完成课堂活动记录单，教师指导学生画一个月的月相。

【实验结论】

月相在一个月的不同时期有不同的形状，这种变化是有一定规律的。

【实验教学拓展反思】

学生通过观察月相图片并描述月相，了解月相变化特点，并在使用图画等方式记录观察到的月相过程中，为实际连续观察和科学记录月相做铺垫。

【课堂活动记录单】

我们来记录观察到的月相。根据我们观察到的月相，涂黑表中的圆圈，别忘了写上观察日期。

○	○	○	○	○	○
○	○	○	○	○	○
○	○	○	○	○	○
○	○	○	○	○	○
○	○	○	○	○	○

实验十一：观察常见的天气现象

各种各样的天气

【实验基本信息】

教育科学出版社一年级上册"我们的地球家园"单元。

【实验目的】

1. 通过观察与比较各种天气，知道阴、晴、雨、雪、风等天气现象，能描述各种天气现象及天气变化对动植物和人类生产生活的影响。

2. 能用自己的语言描述阴、晴、雨、雪、风等天气现象的主要特征并进行区分。

【实验方法及步骤】

探索活动：观察认识天气

材料准备：板贴、"阴"和"多云"的实物图片、课堂活动记录单。

实验步骤：

活动一：初识天气

1. 播放视频（天气预报）。

2. 学生思考讨论：视频中你知道了哪些天气？还有什么其他发现？

预设：阴、晴、雨、雪等，同一天各地天气不一样……

活动二：再识天气

1. 学生独立完成课堂活动记录单。

2. 交流记录单完成情况：自己是怎样区分各种天气的（判断的理由）。

预设：晴天有太阳、有影子；雨天要撑伞、地面有积水、水面有涟漪；阴天比较暗；雪天地面变白……

【实验结论】

常见天气有阴、晴、雨、雪、风等。

【实验教学拓展反思】

二年级的学生能够根据生活经验简单区分晴、雨天气，但对"阴"和"多云"的区分比较模糊，需要教师予以指导帮助。

 实验十二：借助放大镜观察物体

校园里的动物

【实验基本信息】

教育科学出版社一年级下册"动物"单元。

【实验目的】

1. 了解放大镜的构造，初步学习使用放大镜。

2. 尝试使用放大镜对校园动物的寻访、观察。

【实验方法及步骤】

探究活动：使用放大镜

材料准备：棉签、放大镜、动物卡片、笔、空白卡片、课堂活动记录单。

实验步骤：

1. 教师引导学生通过用手摸，用眼观察，感知放大镜的特点。

2. 学生说一说自己观察到的放大镜是什么样子的？

（放大镜和普通玻璃的不同，中间是凸起的，边缘是薄的）

3. 学生用放大镜观察动物卡片，感知放大镜的使用方法。

4. 教师小结正确的使用方法并示范：在使用放大镜时，慢慢上下移动放大镜，保持合适的距离，会放大物体的整体或局部。

5. 学生以小组为单位，每人分发到棉签、放大镜等工具，拿上笔和空白卡片列队出发，像科学家那样去寻找、观察校园里的动物并画在空白卡片上。（大树上、草丛中、花坛里、石块下……）

6. 学生将画好的卡片张贴到课堂活动记录单上。

7. 交流实验中的发现。

【实验结论】

放大镜是一个重要的观察工具，使用放大镜等工具对于科学探究非常重要。在使用放大镜时，慢慢上下移动放大镜，保持合适的距离，会放大物体的整体或局部。

【实验教学拓展反思】

在科学教育中，放大镜是一个重要的观察工具，让学生通过观察、比较，寻找校园中的小动物，鼓励学生在不断操作、尝试的过程中，了解放大镜的正确使用方法。

实验十三：利用简单工具进行简单的制作

做一顶帽子

【实验基本信息】

教育科学出版社二年级上册"材料"单元。

【实验目的】

1. 能选择材料并利用工具对其进行简单的加工。通过设计制作帽子，了解同种物品可以选择同一种材料制作，也可以用不同材料制作。不同的材料制作同种物品，它们的功能和用途不一样。

2. 能通过口述、图示等方式表达自己的设计和想法，对他人的作品提出改进意见。

【实验方法及步骤】

探究活动：设计、制作一顶帽子

材料准备：报纸、扭扭棒、塑料纸、剪刀、图钉、皮尺等制作帽子的材料和工具，课堂活动记录单。

实验步骤：

1. 学生分组自主明确任务。

预设：制作怎样的帽子、用什么材料做……

2. 了解材料的特点。

（1）出示材料图（实物），说说这些材料的特点。

预设：塑料纸可以防水、报纸容易折叠……引导学生从材料的角度进行分析。

（2）选择适合的材料制作帽子。

提问：你打算选用什么材料？你打算先做什么再做什么？你打算怎样装饰你的帽子？

实验指导：不要选太多材料，以免给制作带来麻烦，一般选取2～3种材料即可。

3. 了解设计制作帽子的简单流程。

实验指导：在制作帽子之前，首先要确定帽子的使用场景。在此基础上再设计帽子，选择适合的材料，并通过画草图的形式将自己的想法展现出来，然后根据草图进行制作。

4. 设计制作一顶帽子。

（1）画一画帽子的草图。

实验指导：大家根据自己组帽子的功能选材、设计并画出草图，然后进行简单交流。

（2）根据草图制作帽子。

实验指导：前面我们了解了材料的特点，并自己画了草图，接下来请大家结合自己设计的草图制作帽子。

① 使用剪刀、图钉等工具时要注意安全。

② 制作前用扭扭棒、皮尺等方法确定帽子的大小。

测量头围参考：以立姿或坐姿进行测量，用皮尺从前额头的发根部位量起，通过后头部隆起点以下2厘米处绕着头围一周，再测量两耳上方水平所得的头部最大维度，测量时头发也是要包含在内的，因为测量是测在戴帽子时的情况，在测量的过程中适度地拉紧卷尺，但不要让头部受到皮尺的压迫，从皮尺对应的末端来看对应到的尺度。

③ 按设计进行制作。

5. 展示、评价帽子。

（1）试戴自己制作的帽子。

实验指导：将制作完成的帽子自己试戴一下，发现问题可以及时修改。

（2）帽子展示会。

① 介绍自己的帽子。

提问：你做的帽子有什么创意？有什么不足？

学生展示自己的帽子，介绍设计想法、制作的材料及其功能、最具创意之处、仍需改进之处等。

② 评价自己制作的帽子。

③ 观看视频，了解各式各样的帽子。

④ 进一步修改帽子。

【实验结论】

同种物品可以选择同一种材料制作，也可以选择不同材料制作；不同的材料制作同种物品，它们的功能和用途不一样。

【实验教学拓展反思】

学生在制作过程中会遇到各种各样的问题，教师要多巡视，并进行教学辅导，同时教师更应该及时地发现学生在制作过程中所展现的闪光点并及时给予评价鼓励，对其他同学起榜样示范作用。

【课堂活动记录单】

我要做的帽子

我选择的材料：
我的设计草图

做一个指南针

【实验基本信息】

教育科学出版社二年级下册"磁铁"单元。

【实验目的】

1. 制作水浮式指南针，能利用示意图的方式对磁铁和漂浮物之间的组装方法进行初步设计。

2. 能针对制作过程或检测结果中出现的问题提出一些改进方法。

【实验方法及步骤】

探究活动：制作水浮式指南针

材料准备：指南针、钢针、大小合适的菱形吹塑纸、盛水容器、条形磁铁、课堂活动记录单。

实验步骤：

1. 学生分组：4人一小组，每个小组获得一个指南针、一根钢针、一张大小合适的菱形吹塑纸、一个盛水容器、一块条形磁铁。

实验指导：钢针的头很尖，使用时一定要注意安全。

2. 分组制作。

（1）制作磁针，检验效果。

实验指导：利用原本就具备磁性的条形磁铁使钢针获得磁性。

制作方法：用条形磁铁的磁极在钢针一端始终沿着一个方向摩擦，重复摩擦20～30次，并用身边的铁质物品（如铁质铅笔盒、回形针、大头针等）试验其是否已经具备磁性。

用条形磁铁的磁极在钢针上摩擦

（2）安装磁针：学生先思考并在活动手册上画出示意图。试着将磁针通过穿针的方法固定在吹塑纸上。

实验指导：可以借助胶水、透明胶等工具进行固定。

磁针指示方向

（3）指示方向：将磁针轻放到水面中央，让它自由旋转，注意不要让磁针与内壁发生碰撞阻碍旋转，多试几次，直到磁针始终指向同一方向。

（4）标注磁针的磁极：对照盒式指南针的指向确定磁针的磁极，并在吹塑纸上进行标注。

实验指导：这是一个需要大家团结合作、耐心细心的活动，同学们要积极参与，也要学会谦让。

（5）试一试：用自制的指南针来确定一下不同位置的东、南、西、北四个方向。

【实验教学拓展反思】

对于二年级的学生而言，水浮式指南针的制作相对较为容易，其制作过程包括制作磁针、安装磁针、标注方向等。制作完成后，需要检测指南针的效果，并针对制作过程或测试结果中出现的问题提出改进方法。

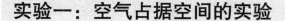 实验一：空气占据空间的实验

空气能占据空间吗

【实验基本信息】

教育科学出版社三年级上册"空气"单元。

【实验目的】

1. 能用纸团、塑料杯等材料分步操作，研究空气是否占据空间；能运用空气占据空间这一知识，使用材料设计小实验。

2. 通过描述和分析压杯入水、打孔观察、打气观察三个活动的实验现象，理解并解释"空气占据空间"这一事实。

【实验方法及步骤】

探究活动一：压杯入水

材料准备： 纸巾、塑料杯、水槽。

实验步骤：

实验指导： 通过实验来研究杯底的纸团会不会湿，把实验中观察到的现象记录下来。

1. 学生分组领取材料，开始实验，教师巡视指导。

操作要点：

（1）揉成纸团，粘在杯底。

（2）竖直倒扣，没过杯底。

（3）杯中水面，画线记录。

（4）拿起杯子，擦干观察。

（5）大家一起，思考记录。

2. 交流实验中的发现。

预设：杯子里有空气，空气占据了杯中的空间，水就进不去了。

3. 小结：这种现象说明空气可以占据一定的空间。

4. 分析纸团湿了的原因：有没有小组杯底的纸团是湿的？为什么纸团会湿呢？

实验指导：杯子压下去倾斜了，空气泄漏了，水进到杯子里，纸团就湿了。

探究活动二：扎孔观察

材料准备：纸巾、杯底扎有小孔的塑料杯、水槽。

实验步骤：

实验指导：空气占据了杯子的空间，所以水进不去，你有办法让水进到杯子里吗？（预设：杯子底部扎一个小孔）

实验提示：为了大家的安全，杯底的小孔已经扎好了，学生只要撕开杯底的胶带纸就可以根据要求进行实验。

1. 学生分组领取材料。

2. 学生小组探究，教师巡视指导。

操作要点：

（1）按住小孔，压杯入水。

（2）松开手指，观察变化。

3. 交流实验中的发现。

探究活动三：打气观察

材料准备：球针、打气筒、塑料杯、水槽。

实验步骤：

1. 学生分组领取材料。

2. 学生小组探究，教师巡视指导。

操作要点：

（1）按住杯子，球针入孔。

（2）慢慢打气，观察变化。

观察与思考：当慢慢向杯子打气的时候，杯子里面有什么变化？

3.交流实验中的发现。

【实验结论】

空气能占据空间。

【实验教学拓展反思】

压杯入水、打孔观察、打气观察三个活动需要细致指导以帮助学生顺利完成。

【课堂活动记录单】

"空气能占据空间吗"学习单

第_____组

一、压杯入水

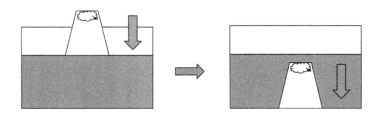

二、扎孔观察

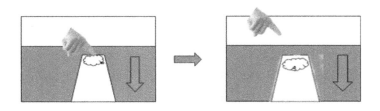

三、打气观察

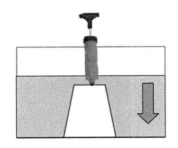

 实验二：观察热空气上升现象

我们来做"热气球"

【实验基本信息】

教育科学出版社三年级上册"空气"单元。

【实验目的】

1. 通过放飞"热气球"活动，认识空气受热后会变轻上升，变冷后又会下降。

2. 在放飞"热气球"活动中，能运用画图、书写等形式记录实验现象。

3. 能基于放飞"热气球"活动中观察到的现象，合理分析并解释"热气球"的上升和下降的现象，及生活中类似的现象。

【实验方法及步骤】

探究活动：模拟"热气球"升空的活动

材料准备：塑料袋、蜡烛、塑料筒、点火器、课堂活动记录单。

实验步骤：

1.学生讨论活动步骤及注意事项。

（1）提问：怎么让"热气球"（塑料袋）飞起来，需要什么材料？

预设：蜡烛、火……

实验指导：教师出示蜡烛，演示用点火器点燃蜡烛，同时简单介绍点火器的使用方法及注意事项。

（2）提问：可以直接把塑料袋套上去给里面的空气加热了吗？

实验指导：不可以。直接将塑料袋套上去加热是很危险的，塑料袋会直接融化甚至燃烧起来，所以我们需要用一个东西将蜡烛与塑料袋隔开一些距离。

（3）提问：（出示塑料筒）你觉得怎样使用这个塑料筒？小组同学讨论，试着在课堂活动记录单上画出塑料筒和"热气球"的位置（画设计图）。

设计图

（4）展示学生的设计图，讨论优劣及分析需要注意的事项。

讨论1：塑料筒有"缺口"的一端朝下，需要进气。

讨论2：塑料袋的边缘不能过低，以免把进气孔堵住。

讨论3：塑料筒上端温度仍然较高，塑料袋尽量避免直接接触塑料筒上端。

……

（5）图示梳理活动步骤。

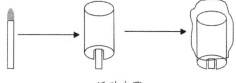

活动步骤

2.放飞"热气球",感知变化。

(1)播放实验微视频,出示操作注意事项,指导学生放飞"热气球"。

(2)学生活动:利用蜡烛、塑料筒让"热气球"升空,并完成课堂活动记录单。

3.交流实验中的发现。

【实验结论】

空气受热后会变轻上升,变冷后又会下降。

【实验教学拓展反思】

交流研讨环节先通过分析活动的成败,反思活动中做得到位和不足之处。再基于现象,讨论塑料袋加热后及掉落时的变化,通过塑料袋的变化分析空气的变化,认识到塑料袋升空和降落实际是由于空气受热膨胀及冷却收缩导致的。

【课堂活动记录单】

画出"热气球"加热后及降落时的样子,并记录"热气球"的温度变化及手拎袋子的力度。

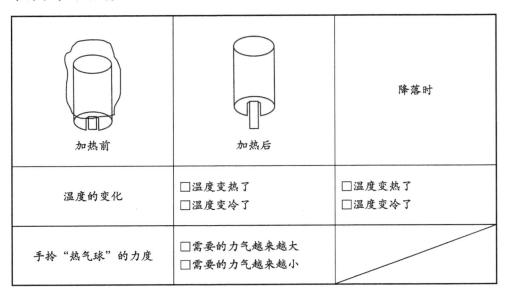

加热前	加热后	降落时
温度的变化	□温度变热了 □温度变冷了	□温度变热了 □温度变冷了
手拎"热气球"的力度	□需要的力气越来越大 □需要的力气越来越小	

实验三：观察水沸腾和结冰的现象

水沸腾了

【实验基本信息】

教育科学出版社三年级上册"水"单元。

【实验目的】

1. 能够正确利用酒精灯给水加热，用口述、图文结合、数据等方式表达水加热过程、水沸腾时观察到的现象。

2. 通过交流、分析、概括等方法，知道水沸腾与水蒸发两种现象的异同。

【实验方法及步骤】

探究活动：给烧杯里的水加热

材料准备： 三脚架、石棉网、烧杯、酒精灯、温度计、硬纸盖、水、课堂活动记录单。

实验步骤：

1. 给水加热的实验，我们需要安装什么样的装置呢？

2. 课件展示实验装置，认识实验器材名称及作用。

3. 结合课件，教师介绍测量水温的方法。

4. 结合视频引导学生认识温度计、烧杯和酒精灯，并了解它们的使用方法。（结合视频素材"酒精灯的使用""水沸腾实验"）

5. 实验安全提示：该实验具有危险性，要在家长或老师的指导下操作。

6. 分组组装实验装置，开展实验，在课堂活动记录单上记录实验现象和数据。

7. 交流实验中的发现。

【实验结论】

水在加热的过程中温度不断上升，沸腾后温度不再上升。水在加热的过程中，我们看见杯底有气泡产生，然后气泡上升并且不断变大，到水面时气泡破了，能看见水面有热气产生。正常压强下水在达到100℃时沸腾，沸腾后水面翻滚，水的温度不变，变成水蒸气后水的体积增大。

【实验教学拓展反思】

蒸发和沸腾是物质汽化的两种形式，都要吸收热。蒸发是在液体表面发生的汽化现象，在任何温度下都会发生蒸发。沸腾是当饱和蒸气压等于外界压强时发生在液体内的汽化现象，沸腾是在一定的温度下，发生在液体内部和表面同时进行的剧烈汽化现象。水在沸腾时，水还在吸热，但温度保持不变。

【课堂活动记录单】

实验观察记录表

时间/分钟	0	2	4	6	8
温度计的示数/℃					
水的变化					

水结冰了

【实验基本信息】

教育科学出版社三年级上册"水"单元。

【实验目的】

1. 通过观察和测量水结冰实验，知道当环境温度发生变化后，水的温度和状态也会发生变化；认识到当水的温度下降到0℃时，开始结冰，变成固体状态，并且向周围放出热量。

2. 在观察水结冰的过程中，能用温度计测量和记录出水结冰时的各种变化，会思考冰与水是否为同一种物质。

3. 用比较的方法，能区别水和冰的相同点和不同点。

【实验方法及步骤】

探究活动：水结冰过程中的各种变化

材料准备： 试管、清水、碎冰、水银温度计、烧杯、食盐、小勺、彩色橡皮筋、直尺、食用色素、课堂活动记录单。

实验步骤：

1. 课件展示实验装置，认识实验器材名称及作用。

2. 播放指导型微课，了解实验方法。

（1）在试管中加入约四分之一的清水，在水面处做好标记。

（2）将装有清水的试管放入盛满碎冰（加入了食盐）的容器中，用温度计测量试管中水的温度。

（3）温度计插入水中的位置保持不变（不能碰到试管壁），等待并观察。

（4）当试管中水开始结冰时，记录温度。

（5）水完全结冰后，在试管上标记冰柱的高度。

3. 结合课件，学生了解观察体积变化及测量水温的方法及注意事项。

（1）做两次标记：第一次是试管中倒入清水后（为了便于观察，可以在清水中滴一滴食用色素）；第二次是试管中的水完全结冰后；两次用不同颜色的橡皮筋标记。

（2）温度计插入试管塞的小孔中，保持在中间的位置不能动，不要碰到试管壁。

（3）仔细观察水结冰的变化过程，需要把试管经常拿出来观察是否开始结冰，当水开始结冰时，记录温度。

（4）冰块尽可能碎一些，再加入一部分食盐（食盐多一些，降温速度快一些），有利于降低烧杯内冰水混合物的温度。

（5）因为需要拿出来看，碎冰可能会使橡皮筋移动，所以需要用直尺重新确定一下标记位置是否正确。

4. 实验安全提示。

5. 学生相互合作，测量水结冰过程中温度的变化，同时体会变化过程中的热量变化。

6. 交流实验中的发现。

【实验结论】

当环境温度低于0℃，水的温度下降到0℃时，开始结冰，从液体状态变成了固体状态。水结冰时，冰水混合物的温度长时间保持在0℃时。水结冰后占据了更大的空间。

 实验四：用尺子、温度计、量筒等工具测量物体特征

比较测量纸带和尺子

【实验基本信息】

教育科学出版社一年级上册"比较与测量"单元。

【实验目的】

1. 通过观察测量纸带和尺子，能区分两者的异同，认识到统一标准对结果会产生影响的重要性。

2. 能在实践对比操作中，用语言或文字来描述、记录测量纸带与尺子的异同，在测量活动中学习正确使用尺子测量、记录物体长度的方法。

【实验方法及步骤】

探究活动：比较测量纸带和尺子的异同

材料准备：测量纸带、塑料尺、卷尺、橡皮、课件、课堂活动记录单。

实验步骤：

1. 比较测量纸带和尺子。

（1）小组讨论：塑料尺、卷尺与我们自己制作的测量纸带有哪些相同点和不同点呢？

讨论要求：与同伴轻声讨论，总结测量纸带和尺子的相同点与不同点，至少各说两点；可以比较长度、刻度、单位、使用方法等。

（2）学生分组活动，教师巡视。

（3）整理材料，全班交流汇报。

2. 用尺子测量橡皮。

（1）学生领取材料：塑料尺、橡皮。

（2）测量活动的注意事项（课件）。

① 测量前，尺子紧贴物体的边缘。

② 测量中，注意起点和终点位置。

③ 测量后，正确读数和及时记录。

（3）出示微课（课件）：正确使用尺子的方法。

（4）小结方法步骤：对齐—紧靠—读数—记录。

（5）分组测量橡皮，教师巡视，提醒学生及时记录到课堂活动记录单。

（6）整理材料。

3. 交流实验中的发现。

【实验结论】

尺子有标准单位；尺子不容易坏；用尺子测量起来更加方便。

水沸腾了

【实验基本信息】

教育科学出版社三年级上册"水"单元。

【实验目的】

1. 观察不同温度计的测量范围。

2. 选择合适的温度计（刻度范围在–20～110℃）用于测量水的温度。

【实验方法及步骤】

探究活动：测量水的温度

材料准备：4杯不同冷热的水（自来水、温水、热水、热水瓶里刚倒出的烫水）、4支水温计（刻度范围在–20～110℃）、课堂活动记录单。

实验步骤：

1. 手拿温度计的上端。

手拿温度计上端比较好操作。如果拿中间会挡住刻度，拿玻璃泡会造成所测的不是水的温度。

2. 将温度计下端浸入水中，不能碰到容器的底与壁。

如果碰到容器或读数时离开液面，测量的就不是水的温度了。

3. 视线与温度计液面持平。

俯视或仰视会造成读数偏大或偏小。

4. 在液注不再上升或下降时读数。

液注没有稳定时测出的温度不准。

5. 读数时温度计不能离开被测的水。

量 筒

【实验基本信息】

青岛出版社（六三制）三年级上册六单元"测量工具"。

【实验目的】

1. 认识量筒及其结构组成，知道液体体积的计量单位。
2. 能用正确的方法测量液体体积。

【实验方法及步骤】

探究活动：测量水的体积

材料准备： 水、量筒、课堂活动记录单。

实验步骤：

一选：选择合适的量筒。

一般情况下，量筒越大，管径越粗其精确度越小，由视线的偏差所造成的读数误差也越大。所以，实验中应根据所取溶液的体积，尽量选用能一次量取的最小规格的量筒，如量取80毫升液体应选用100毫升量筒。

二倒：往量筒里倒水。

将量筒微微倾斜，瓶口紧挨量筒口，须让水缓流入量筒内。

三看：读取量筒内的液体体积并记录。

当我们读数时，量筒必须放平稳，视线要与量筒内水的凹液面的最低处保持水平。不是所有的液体在量筒中的液面都是凹下去的，还有凸出来的，这时视线就要与凸出来的最高处保持水平。

实验五：探究影响物质溶解快慢的因素

加快溶解

【实验基本信息】

教育科学出版社三年级上册"水"单元。

【实验目的】

1. 通过加快食盐溶解速度的对比实验，知道搅拌和升温等方法能加快食盐在水中的溶解速度，认识到食盐在水中的溶解速度是可以改变的。

2. 在实验过程中，能用对比实验的方法比较等量水中相同质量的食盐溶解速度的不同并记录。

【实验方法及步骤】

探究活动：加快溶解

材料准备： 每组准备相同质量的食盐4份、水4杯（自来水3杯、热水1杯）、玻璃棒1根、课堂活动记录单。

实验步骤：

1. 组织学生探究温度与溶解快慢的关系。

（1）出示研究方案设计表（课件）。

（2）组织学生讨论、交流。

（3）介绍实验要求以及课堂活动记录单的填写方法。

（4）学生以小组为单位进行实验，并完成课堂活动记录单。

2. 以同样的方法组织学生探究搅拌与溶解快慢的关系。

3. 交流实验中的发现。

【实验结论】

提高水的温度并进行搅拌,能够加快食盐在水中的溶解速度。

【实验教学拓展反思】

影响物质在水中溶解快慢的因素主要有三个:水的温度、是否被搅拌以及物质颗粒的大小。比如,我们在家里煮汤时要让食盐更快地溶解,可以取细盐放在滚烫的汤里并快速搅拌。

【课堂活动记录单】

探索温度与溶解快慢的关系——以食盐溶解为例

时间	2分钟	4分钟	6分钟	8分钟	10分钟
冷水中食盐是否被溶解					
热水中食盐是否被溶解					
我们的发现					

探索搅拌与溶解快慢的关系——以食盐溶解为例

时间	2分钟	4分钟	6分钟	8分钟	10分钟
不搅拌时食盐是否被溶解					
搅拌时食盐是否被溶解					
我们的发现					

实验六：探究磁铁的磁极和磁极间的相互作用

磁铁的两极

【实验基本信息】

教育科学出版社二年级下册"磁铁"单元。

【实验目的】

1. 运用多种实验方法检验磁铁不同部位的磁力大小。

2. 能在观察中发现问题、提出问题，对问题做出推测；通过实验测试获取证据，用证据检验推测。

【实验方法及步骤】

探究活动一：借助回形针感受条形磁铁不同部位的磁力大小

材料准备：条形磁铁、回形针。

实验步骤：

1. 学生自由讨论实验方法。

2. 学生归纳实验方法。

实验指导：先将条形磁铁放在桌上，然后用手指拿着回形针，放在条形磁铁的各个部位，感受条形磁铁各个部位的磁力。

3. 学生分组进行活动，每人都感受一次，教师观察指导。

4. 交流实验中的发现。

探究活动二：用磁铁的不同部位接触回形针

材料准备：条形磁铁、回形针。

实验步骤：

1.学生思考：怎样做能够看出磁铁的磁力大小？

2.学生归纳实验方法。

实验指导：将条形磁铁放置在测磁力卡上，将磁铁和5枚回形针放在对应的位置，回形针统一用小头朝着磁铁。然后轻轻地推动条形磁铁，慢慢靠近回形针，观察实验现象。

3.学生分组实验，记录实验现象。

4.完成实验，各组整理好实验器材。

5.交流实验中的发现。

探究活动三：磁铁吸盒里的铁粉

材料准备：条形磁铁、铁粉盒。

实验步骤：

1.学生自由探索：如果把条形磁铁靠近铁粉盒，会产生什么现象？

2.教师根据学生的实际情况，讲解实验方法和观察重点。

实验指导：将磁铁紧紧贴在盒子上，轻微且快速地抖动，观察铁粉的情况。重复几次并做好记录。

3.学生再次分组实验，并在课堂活动记录单上画一画观察到的铁粉分布（用小点表示，磁力大的部位点多，磁力小的部位点少）。

4.完成实验，各组整理好实验器材。

5.交流实验中的发现。

【实验结论】

活动一结论：条形磁铁两端磁力大。

活动二结论：条形磁铁两端磁力大，越往中间磁力越小。

活动三结论：条形磁铁两端磁力大，中间磁力小。磁铁磁力最强的部分叫磁极。条形磁铁有2个磁极。

【实验教学拓展反思】

本课设计了三个有层次的活动：首先是用回形针感受条形磁铁各部分的磁力

大小不同；其次是通过吸引5枚回形针发现磁铁不同部位的磁力大小不同，而且两端磁力最大；最后是用铁粉盒观察到两端的磁力最大，从而让学生得出结论。这样的设计层层递进，符合学生的探索进程。最终建立磁极的概念。

 实验七：使用指南针辨别方向并制作简易指南针

磁极与方向

【实验基本信息】

教育科学出版社二年级下册"磁铁"单元。

【实验目的】

1. 能通过反复测试、简单表格来收集和记录磁极与方向关系的证据。

2. 能初步运用分析的方法从实验记录表中发现磁极与方向的关系，初步学会利用指南针来辨别方向。

【实验方法及步骤】

探究活动一：条形磁铁能否指示方向

材料准备： 条形磁铁、方位纸、支架、课堂活动记录单。

实验步骤：

1. 学生摆放标有东、南、西、北的方位纸，教师巡回指导。

2. 说明实验要求：将条磁铁支架放在方位纸上，再将条形磁铁放在支架上，轻轻转动，观察静止后磁铁的两端各指什么方向，用打"√"的方法记录在课堂活动记录单上，依照这样的实验方法做3次。

3. 发放条形磁铁和支架，学生分组进行实验。

4. 分析实验结果，组织学生交流。

探究活动二：其他形状的磁铁能否指示方向

材料准备： 蹄形磁铁或环形磁铁、方位纸、支架、课堂活动记录单。

实验步骤：

1. 出示实验器材：支架、挂线的蹄形磁铁或环形磁铁、方位纸。

2. 教师讲解实验器材的组装和实验操作过程。

3. 学生分组实验，并将结果记录在课堂活动记录单上。

4. 完成实验，各组整理好实验器材。

5. 分析实验结果，组织学生交流。

【实验结论】

活动一结论：磁铁的一个磁极总是指向南方，另一个磁极总是指向北方。（正常情况下，磁铁的蓝色部分指向南方，红色部分指向北方）

活动二结论：磁铁能指示南北方向。指南的磁极叫南极，用字母"S"表示，指北的磁极叫北极，用字母"N"表示。

【课堂活动记录单】

条形磁铁	实验次数	东	南	西	北
磁极1	1				
	2				
	3				
磁极2	1				
	2				
	3				

实验八：根据物质特点分离混合在一起的物质

混合与分离

【实验基本信息】

教育科学出版社三年级上册"水"单元。

【实验目的】

1. 通过实验了解食盐可以通过蒸发的方式从水中分离出来。

2. 借助探究"食盐从浓盐水中析出"的活动，对实验进行描述观察，总结实验的结果，并对结果进行分析。

【实验方法及步骤】

探究活动一：分离食盐和沙子

材料准备：食盐和沙的混合物、烧杯、滤布（或滤纸）课堂活动记录单。

实验步骤：

1. 初步了解食盐和沙子的特点。

（1）每组领取食盐和沙子的混合物观察。

（2）分组交流讨论食盐和沙子有什么特点。

（3）将食盐和沙子的特点填到课堂活动记录单上。

2. 设计分离食盐和沙子的实验方案。

实验指导：根据食盐能溶解在水中，而沙子不能溶解在水中的特点，可以先用水分离食盐和沙子，再分离食盐和水。

3. 用水分离食盐和沙。

（1）学生领取装清水的烧杯，将食盐和沙混合物放入杯中，往杯中加水，搅拌，直到食盐完全溶解。

（2）用滤布（或滤纸）过滤，把沙分离出来。得到食盐水。

4. 分离食盐和水。

（1）将盐水溶液倒入蒸发皿，放在三脚架上加热。

（2）边加热，边搅拌。当有较多白色颗粒出现时，熄灭酒精灯，用余温将白色颗粒慢慢烘干。

实验指导：搅拌的目的是防止受热不均，导致水飞溅。

（3）加热完毕后，用试管夹夹出蒸发皿，收集蒸发皿中的白色粉末。

过滤装置

蒸发装置

5. 交流实验中的发现。

【实验结论】

利用水作为媒介物，先把混合物放入水中，利用食盐能溶解于水而沙不能溶解于水的特点把沙分离出来，得到了食盐和水的混合物。然后，利用水能蒸发而食盐不能蒸发的特点把食盐分离出来。食盐溶解后会"消失"在水中，水分蒸发后食盐又会析出。

也就是说，食盐能溶解在水中，也能从水中分离出来，这是一个可逆的过程。

【实验教学拓展反思】

食盐溶解于水的变化过程是一个可逆的过程。食盐饱和溶液中的水分减少时，会析出食盐晶体。在本节课中，引导学生对食盐溶液在增加水分和减少水分的情况下会有什么变化的问题进行思考。通过实际观察，了解食盐在水中溶解和结晶的双向变化过程，认识食盐溶解于水的变化过程是可逆的。

【课堂活动记录单】

分离方法	分离结果	
	分离出的物质	剩余的物质
筛		
过滤		
蒸发		

 ## 实验九：连接简单电路

简易电路

【实验基本信息】

教育科学出版社四年级下册"电路"单元。

【实验目的】

1. 观察电池盒、灯座和开关的结构，了解各部分的功能。

2. 将电池盒、灯座和开关连接到电路中，让小灯泡亮起来。

3. 用简易符号表示一个电路的不同部分，能画出简易电路图。

【实验方法及步骤】

探究活动：利用电池盒点亮小灯泡

材料准备：小灯座、电池盒、电池、导线、课堂活动记录单。

实验步骤：

1.学生分组观察新器材小灯座和电池盒，思考它们的用处。

实验指导：电池盒内的两端分别装有铜片，并连接外面的两个接头，观察接头的弹簧夹、小灯座的螺口，以及旁边的两个接线头，思考构造的用途。

2.利用新的工具小灯座和电池盒，完成一个简单电路的组装，点亮小灯泡。

（1）在电池盒的两端各连接好一根导线，把电池安装在电池盒里。

（2）用连接电池的两根导线的另一端接触小灯泡，确定能使小灯泡发光。

（3）把小灯泡安装在小灯座上，再连接上导线。

3.在电路中安装开关。

4.展示已经连接好的简易电路。

5.尝试画简易电路图

（1）导线用尺子画，拐弯要直角。

（2）元件位置安排要适当，分布要均匀。

（3）元件不要画在拐角处。

（4）整个电路图最好呈长方形，有棱有角，导线要横平竖直。（尺规作图）

（5）用线段连接的方法，并用小圆点标出连接点，用箭头画出电流方向（科学规定：电从电池的正极流出，回到负极）。

【实验结论】

电从能够持续提供电能的电池的一端经过导线和用电器返回到电池的另一端，就组成了一个完整的电路。可以在电路中安装开关来控制电路的通与断。

【实验教学拓展反思】

交流研讨是学生的思维输出、概念建构的重要过程。

实验十：利用简单电路判断物体的导电性

导体和绝缘体

【实验基本信息】

教育科学出版社四年级下册"电路"单元。

【实验目的】

1. 能使用电路检测器且规范地实施有关检测的必要步骤，检测身边的物体是否导电，并整理实验记录。

2. 认识到井然有序的实验操作习惯和形成安全用电的意识是很重要的。

【实验方法及步骤】

探究活动：检测一个物体的导电性

材料准备： 电路检测器、若干种物体、课堂活动记录单。

实验步骤：

1. 学生分组领取材料。

2. 学习使用电路检测器。（课件）

实验指导： 先预测电流是否容易通过铜丝和塑料使得小灯泡发光，把预测的结果记录下来，每个物体检测至少2次。在检测前，电路检测器要经受自检。当小灯泡发光，则说明是导体。

3. 以小组为单位，检测身边的若干种物体。（教师提供一部分，学生自己选取一部分）

实验要求：

（1）自检：组装电路检测器，并检查电路检测器能否正常工作。

（2）预测：猜测待测物体是否能点亮小灯泡，记录在预测栏中。

（3）检测：每种物体要检测2遍，并记录检测结果。

（4）对比：将能亮和不能亮的物体进行分类，比较有什么异同。

4. 交流实验中的发现。

【实验结论】

金属材料容易让灯泡发光，非金属材料则不容易让灯泡发光。我们把容易导电的物质叫作导体，不易导电的物质叫作绝缘体。

【实验教学拓展反思】

导体和绝缘体并不是绝对的，在不同的环境下，绝缘体也可能变成导体。我们要好好保护电器设备上的绝缘体部分，注意用电安全。

【课堂活动记录单】

序号	实验材料	我们的预测	第1次检测	第2次检测	最终检测结果
1	回形针				
2	牙签				
3	铅笔芯				
4	铁钉				
5	瓷砖				
6	铝片				
7	玻璃片				
8	人体				
9	自选1（　　　）				
10	自选2（　　　）				

实验十一：观察影子形成的原因

影子的秘密

【实验基本信息】

教育科学出版社三年级下册"太阳、地球和月球"单元。

【实验目的】

1. 知道行进中的光被阻挡时，会形成阻挡物的阴影。知道光源、遮挡物和屏（接收影子的平面）是影子产生的条件。

2. 通过光和影的实验，耐心观察和记录影子的变化情况。

【实验方法及步骤】

探究活动一：产生影子

材料准备： 手电筒、小木块、白纸、课堂活动记录单。

实验步骤：

1. 每个小组领取材料。

实验指导： 手电筒模拟的是太阳，发出光；小木块相当于人，挡住光；白纸模拟的是大地，接收影子。

2. 学生分组实验。

实验要求： ①2分钟内利用所提供的材料产生影子。②在产生影子的过程中不要把手电筒对准眼睛。③时间到，学生需马上整理好材料并且坐端正。

3. 学生交流实验发现。

提问： 产生影子需要哪些条件？

预设： 光源、遮挡物、屏。

探究活动二：让影子发生变化

材料准备： 手电筒、小木块、白纸、课堂活动记录单。

实验步骤：

1. 将白纸放在桌子上，利用手电筒打光，在5分钟之内尽量寻找多种方式改变小木块的影子，每改变一次就用画图的方式将方法记录下来并画上影子。

实验指导： 教师进行演示，用箭头表示手电筒并画出影子的样子。

2. 学生寻找改变影子的方法并记录在课堂活动记录单上。

3. 学生交流实验发现。

【实验结论】

活动一结论：光源发出光，光照射到屏上；当有遮挡物挡住一部分的光时，光照不到的地方就是暗的，于是形成了影子。

活动二结论：当我们改变光源的照射角度时，影子的长短和方向会发生变化；当我们改变遮挡物的形状时，影子的形状会发生变化。

【课堂活动记录单】

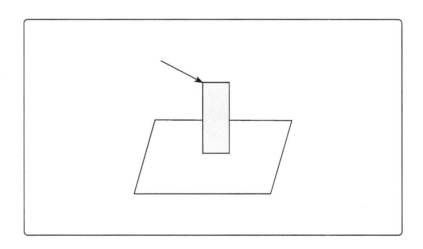

实验十二：观察物体发声时的振动现象

声音是怎样产生的

【实验基本信息】

教育科学出版社四年级上册"声音"单元。

【实验目的】

1. 通过对橡皮筋、钢尺等发声物体的状态进行观察，知道声音是由物体的振动产生的。

2. 在观察物体发声的活动中，能用简单图画、文字和动作来描述声音的振动状态。

【实验方法及步骤】

探究活动一：观察发声的物体

材料准备：皮筋、钢尺、鼓、课堂活动记录单。

实验步骤：

1. 使皮筋、钢尺、鼓单独并持续地发声。

实验指导：按压、弹拨等方法。

2. 出示活动要求。

（1）实验时控制声音大小，不要影响其他小组的实验。

（2）注意安全，小心使用，保护好器材。

（3）实验结束将材料放回实验盒。

3. 教师指导，学生活动。

4. 交流实验发现。

提问：怎样使尺子发出声音？发出声音时看到尺子发生了什么变化？

预设：拨动、敲打。

思辨：用力按压、弯曲尺子，它发声了吗？

提问：怎样使皮筋发出声音？发出声音时我们看到皮筋发生了什么变化？

预设：弹、拨。

思辨：用力拉伸皮筋，它发声了吗？

教师出示大皮筋，请学生上来帮忙，其他学生动手模仿皮筋发声时的状态。

提问：怎样使鼓发出声音？发出声音时我们看到鼓面发生了什么变化？

预设：敲击。

思辨：敲击鼓面，它发声了吗？（教师演示）

探究活动二：借助音叉等物体再探究

材料准备：音叉、水槽、课堂活动记录单。

实验步骤：

1. 领取实验材料。

2. 分组实验。

（1）用一根手指轻轻地接近振动着的音叉，手指有什么感觉？

（2）轻轻地敲击音叉，放入水中，水面有什么变化？

3. 交流发现。

提问：你认为音叉振动是怎样的一种方式？能用手势比画一下吗？

提问：让发声的音叉接触水面，为什么水面会有波纹？

预设：音叉振动。

【实验结论】

活动一结论：不断重复地往返运动，科学上把这种运动称作振动。

活动二结论：一个物体（如音叉、钢尺、橡皮筋、鼓等）在力的作用下，不断重复地做往返运动，这种运动称为振动。声音是由物体振动产生的。一切发声的物体都在振动。

【实验教学拓展反思】

本节课设计了多个实验，让学生通过听音叉声音，看、摸、观察敲击音叉后在水中情况来感受音叉在发出声音时，音叉在振动。并告诉学生，对于一些振动不明显的，我们可以利用一些工具使它明显，进一步强化发声的物体都在振动概念。

【课堂活动记录单】

活动 ＼ 材料	尺子	皮筋	鼓
我是怎样让它发出声音的？			
发出声音时我看到物体发生了什么变化？（用图表示）			

 实验十三：探究声音的传播方向

声音是怎样传播的

【实验基本信息】

教育科学出版社四年级上册"声音"单元。

【实验目的】

1. 通过声音在空气、桌子、水中的传播实验，知道声音是通过物体以波的形式，从一个地方传到另一个地方的。

2. 知道声音传播需要液体、气体、固体等物质，且声音可以以波的形式向各个方向传播。

【实验方法及步骤】

探究活动一：空气传播声音

材料准备：空气传播声音实验装置。

实验步骤：

1. 出示真空抽气装置。

提问：同学们，这是一个真空抽气装置，这个是电铃，我们把电铃打开。现在我们把玻璃罩戴上，还能听到声音是吗？让我们把真空抽气装置打开，慢慢抽干里面的空气，注意听。

2. 学生活动。

3. 实验小结：声音能够在空气中传播，而在真空中不能传播声音。

探究活动二：声音在固定中传播

材料准备：课桌、课堂活动记录单。

实验步骤：

1. 学生两人一组，明确实验要求（课件）。

（1）一名学生把耳朵贴在课桌的一端，听一听在课桌另一端的同学轻轻抓挠桌面的声音。

（2）听的学生侧耳靠近桌面，另一个学生继续抓挠桌面。

（3）比较贴近桌面听到的声音和不贴近桌面听到的声音有什么不同。

2. 学生观察活动并填写课堂活动记录单。

3. 汇报交流：贴近桌面听到的敲击声和不贴近桌面听到的敲击声有什么不同？为什么？

4. 实验小结：声音能够在桌面传播，说明声音可以在固体中传播。声音在固体中的传播效果比空气中好。

探究活动三：声音在液体中传播

材料准备：音叉、水槽。

实验步骤：

1. 学生两人一组，教师明确实验要求。

2. 学生分组实验，教师巡视指导。

（1）把音叉放到水面上的时候，应等到水面平静之后。

（2）轻轻敲击音叉，用振动的音叉去接触水面。

（3）重点观察水面是如何波动的，把观察到的现象描述出来。

（4）将耳朵紧贴水槽外壁听一听声音，感受声音有什么不同。

3. 汇报交流：你还能听到音叉的声音吗？水是怎么传播声音的？

4. 实验小结：水面的波动是从振动的音叉开始逐渐向四周传播的，声音能够在水中传播。

【实验结论】

声音可以在空气、固体和水中传播，没有媒介是不能传播声音的。

【实验教学拓展反思】

由于声波的不可见性，学生很难理解物体的振动会引起周围物体的振动，并且以声波的形式传播，更不知道声波的传播是要经过一些物体的，所以声波教学是本课难点。3个活动的实验重点是要让学生观察到音叉引起的传声运动是怎样运动的。通过水波、声波类比，帮助学生理解声波。

5～6年级

实验一：探究常见材料在水中的沉浮

物体在水中是沉还是浮

【实验基本信息】

教育科学出版社五年级下册"沉与浮"单元。

【实验目的】

1. 对物体沉浮做出预测，并用实验验证，做好记录。

2. 学会用切分和叠加物体的方法研究沉浮变化。

3. 物体在水中有沉有浮，判断物体沉浮有一定的标准；同一种材料构成的物体，改变它的质量和体积，沉浮状态不改变。

【实验方法及步骤】

探究活动一：观察更多物体在水中的沉浮

材料准备：水槽、小石块、泡沫塑料块、回形针、蜡烛、带盖空瓶、萝卜、橡皮、课堂活动记录单。

实验步骤：

1. 出示材料，学生说说材料名称。

2. 学生猜测小石块在水中是沉还是浮，说明理由。

3. 学生自由猜测，把预测的结果和理由填入课堂活动记录单。

4. 学生分组领取材料进行实验。

105

实验指导：确定操作要点。拿着物体在水中间放手，放手后物体碰到容器底部为沉，可以用"↓"表示；放手后漂在水面的为浮，可以用"↑"表示。

5. 学生交流实验发现。

6. 实验小结：影响沉浮的因素有体积大小、轻重、形状、材料、是否空心等。

探究活动二：观察同一种材料构成的物体在水中的沉浮

材料准备：萝卜、橡皮、小刀、回形针、小木块、透明胶带、课堂活动记录单。

实验步骤：

1. 猜测：橡皮在水中是沉的，把它们切一半，它的重量、体积减小了多少？你们觉得它在水中是浮还是沉？萝卜是不是也是这样？一枚回形针在水中是沉的，把两枚回形针穿在一起还是沉的吗？一个木块在水中是浮的，用少量透明胶把两个木块粘在一起，放入水中，还是浮的吗？用更多的回形针和木块呢？

2. 学生分两批进行预测，填写表格，并写清理由。

3. 演示切分橡皮的方法，提醒学生使用小刀要注意安全。

4. 学生领取材料进行实验并记录实验结果。

5. 整理实验材料，将材料放回原处。

6. 学生交流实验发现。

【实验结论】

同一种材料构成的物体，改变它的轻重和体积，沉浮状态不改变。

【课堂活动记录单】

探究活动一：观察更多物体在水中的沉浮

	小石块	泡沫塑料块	回形针	蜡烛	带盖的空瓶	萝卜	橡皮
预测							
理由							
结果							

探究活动二：观察同一种材料构成的物体在水中的沉浮

物体	大小	预测	理由	结果
橡皮	一半			
	1/4			
	1/8			
	更小			
萝卜	一半			
	1/4			
	1/8			
	更小			
我的发现				

实验二：探究常见材料的导热性

传热比赛

【实验基本信息】

教育科学出版社五年级下册"热"单元。

【实验目的】

1. 通过实验来证明热在物体中的传导和不同物体传导性能有差异，即热的良导体和热的不良导体。

2. 意识到实验方法的选择、改进会对实验数据的准确性产生影响。

【实验方法及步骤】

探究活动一：铜条、铝条与钢条的导热比赛

材料准备：金属线膨胀演示器、酒精、不锈钢盆、课堂活动记录单。

实验步骤：

1. 猜测金属线膨胀演示器上铜条、铝条与钢条的传递热的速度。

2. 分组领取金属线膨胀演示器分组实验，教师巡视指导。

（1）将金属线膨胀演示器上的铜条、铝条、钢条指针全部归零。

（2）将酒精倒入不锈钢盆里，点燃，放在演示器下方加热。

（3）观察三种金属的指针在刻度盘上的位置，同一时间指针先移动到更大刻度位置的那种金属传递热的速度快。

3. 学生交流实验发现。

探究活动二：演示铜、铁、铝金属导热性能

材料准备：酒精灯、蜡、火柴棒、金属导热性能演示器。

实验步骤：

1. 教师演示实验。

（1）在金属导热性能演示器的铜丝、铝丝、铁丝上分别粘上蜡，并隔相同的距离各粘上三根火柴。

（2）用酒精灯给金属导热性能演示器加热，记录火柴掉下来的时间（或先后顺序）。

2. 学生分享观察到的现象。

3. 实验小结：铜的传热性能最好，铝其次，铁最差。

【实验结论】

不同材料的传热的快慢不相同，不同的金属的导热速度也是不同的。铜的传热性能最好，铝其次，铁最差。

【实验教学拓展反思】

通过多次实验，学生意识到实验方法的选择和改进，对实验数据的准确性有着很大的影响。

【课堂活动记录单】

铁、铝和铜的传热性能实验记录表

金属名称	火柴掉落时间		
	第一根	第二根	第三根
铁			
铝			
铜			
结论			

实验三：观察水蒸发和水蒸气凝结

水的蒸发和凝结

【实验基本信息】

教育科学出版社五年级下册"热"单元。

【实验目的】

1. 能制订比较完整的实验计划，开展水蒸发快慢与温度高低关系的探究活动，会设计实验，开展水蒸气的凝结的探究活动。

2. 通过分析实验现象，归纳水的蒸发和水蒸气的凝结与温度变化的关系。

【实验方法及步骤】

探究活动：水蒸发和水蒸气凝结与温度变化的关系

材料准备：烧杯、酒精灯、火柴、三脚架、石棉网、温度计、清水、滴管、电子秤、护目镜、湿布、干布、冰块、食盐、课堂活动记录单。

实验步骤：

活动一：探究水蒸发快慢与温度高低的关系

1. 学生分组讨论：推测水温高低与水蒸发快慢的关系。

2. 学生分组设计实验、讨论实验步骤，制订实验计划。

3. 出示实验器材，师生确定**实验步骤：**

实验指导：

（1）称量两杯水（杯和水）的质量，保持起始质量一致。

（2）将一杯水加热至约50℃，另一杯水加热至约80℃。

（3）放置3分钟后，称量两杯水（杯和水）的质量。

（4）记录并对比实验结果。

4. 学生分组利用加热装置、烧杯、水和温度计等开展实验探究。

5. 实验小结：水蒸发的快慢与温度有关系。温度越高，水蒸发得越快；温度越低，水蒸发得越慢。

6. 思考：之前的学习中我们学习了水沸腾后变成水蒸气，这节课我们观察了水蒸发变成水蒸气，你能说说水的沸腾和蒸发有什么相同点吗？

预设：水沸腾和蒸发的过程中都在吸收热量，水从液态变成了气态。

活动二：观察水蒸气的凝结现象

1. 课件出示实验材料，学生思考：怎样才能看到水蒸气凝结现象。

2. 介绍观察水蒸气凝结现象的实验步骤。

（1）1号烧杯加入冰块，2号烧杯加入冰块和食盐，擦去外壁水珠。

（2）将烧杯静置，观察外壁。

（3）记录烧杯内外温度计的读数。

（4）观察和记录。

3. 学生分组实验，教师巡回指导学生的操作。

4. 全班研讨。

（1）通过比较烧杯内外温度计的示数，你觉得水蒸气凝结需要什么条件？

（2）加食盐前后，我们观察到烧杯内的温度是怎样变化的？水的凝结现象是怎样的？

【实验结论】

水蒸气遇冷，释放热量，凝结成水。温度越低，凝结速度越快。

【实验教学拓展反思】

本课两个主要探究活动要求学生完成实验设计，通过实验探究进行精确测量和细致观察，用显著的数据对比和严密的逻辑推理来进行研讨交流，并进一步发现日常生活中水的蒸发和水蒸气凝结成水的实例。

实验四：观察产生了新物质的变化，如蜡烛燃烧、铁钉生锈等

发现变化中的新物质

【实验基本信息】

教育科学出版社六年级下册"物质的变化"单元。

【实验目的】

1. 通过实验发现物质发生化学变化会产生新的物质，知道有些物质在变化的过程中，会既发生化学变化又发生物理变化。

2. 用科学的语言描述物质变化过程中产生的现象。会通过观察、实验、查阅资料和调查分析等方式获取物质发生化学变化产生的新物质的特征。在实验中，会根据观察到的现象来判断该物质变化是物理变化还是化学变化。

【实验方法及步骤】

探究活动：**蜡烛燃烧产生新物质**

材料准备：蜡烛、火柴、玻璃杯、玻璃片、试管夹、护目镜、课堂活动记录单。

实验步骤：

1. 学生分组讨论实验设计。

实验方法：

（1）将一个透明的玻璃杯悬空倒扣在点燃的蜡烛上方，观察玻璃杯内壁的变化。

（2）用试管夹夹住玻璃片，将玻璃片放在蜡烛火焰上方两秒，观察玻璃片的变化。

（3）记录实验中观察到的现象。

实验方法

2. 学生交流实验中的注意点。

温馨提示：

（1）实验前戴好护目镜。

（2）玻璃杯悬空倒扣时不能把蜡烛封闭。

（3）注意安全，不用手触摸刚加热的玻璃片。

（4）仔细观察，及时记录。

3. 学生分组进行探究。

4. 学生交流实验发现。

【实验现象】

点燃的蜡烛有火焰，燃烧的过程既发光又发热。悬空倒扣的玻璃杯内侧有液滴，放在蜡烛火焰上方的玻璃板变黑。

【实验结论】

在蜡烛燃烧的过程中发现固态的蜡烛会变成液态的蜡流下来，火焰熄灭冷却后流下来的液体蜡又变成了固态，没有产生新物质，属于物理变化；点燃的蜡烛发光、发热的同时，有水、二氧化碳和炭黑等新物质产生，属于化学变化。

【实验教学拓展反思】

学生在生活中较少了解物质变化，在上课过程中举例变化中产生到新物质有困难。教师上课前多寻找一些生活中常见的化学变化资料，最好是有视频解析的，可以在举例之前先让学生看看视频、资料，从而使他们回忆自己生活中遇到过的这些化学变化。

用试管夹夹住玻璃片在蜡烛火焰上加热，有一定的危险性。可以用金属勺子放在蜡烛火焰上方，观察金属勺子的底部发生的变化。

铁生锈了

【实验基本信息】

教育科学出版社六年级下册"物质的变化"单元。

【实验目的】

1. 通过观察、实验获得证据，确定铁锈是一种不同于铁的新物质。
2. 根据实验方案，课外主动探究铁生锈的原因，对观察结果进行简单整理、分析，并概括总结，逐步形成科学概念。

【实验方法及步骤】

探究活动一：探索铁生锈的原因

材料准备：没有生锈的铁钉、试管、水、课堂活动记录单。

实验步骤：

1. 学生讨论：铁钉是和什么发生化学反应了呢？铁钉生锈和哪些因素有关呢？预设：水、空气。

2. 学生设计实验方案，教师巡视指导。

3. 学生交流实验设计：我们应该控制哪些条件不变？怎样记录我们的观察现象？什么时候记录？

预设：每天记录一次，可以用画图也可以用文字记录。

4. 学生分组根据设计的方案进行实验、观察并记录。

实验指导： 由于铁生锈需要一个较长的过程，所以要每天及时记录，过一段时间后一起来分享研究成果。

探究活动二：探索铁和铁锈的不同点

材料准备： 不生锈的铁片、锈蚀严重的铁片、榔头、电路检测器、磁铁、课堂活动记录单。

实验步骤：

1. 学生分组观察一块铁片和一块锈蚀严重的铁片。

讨论：铁锈是铁变来的，铁和铁锈到底是不是同一种物质？我们怎样来证明自己的观点？

预设：可以从颜色、光泽、空隙、手感来观察铁和铁锈的不同。

（1）从颜色上看，铁片是灰白色的，铁锈是红褐色的。

（2）从空隙上比较，铁片没有空隙，铁锈上有小孔。

（3）从光泽上比较，铁片有金属光泽，铁锈没有金属光泽。

（4）从手感来比较，铁片比较光滑，铁锈比较粗糙。

2. 讨论：怎么证明铁锈是不是铁。

实验指导： 用磁铁靠近铁锈观察铁锈是否能被磁铁吸引，用电路检测器检测铁锈是否具有导电性，用榔头敲击观察铁锈是否比较硬。

3. 学生实验，教师巡视指导。

温馨提示： ①认真实验，注意安全。②如有伤口，不要接触铁锈。

4. 学生交流实验发现。

【实验现象】

铁锈不能被磁铁吸引，铁锈不导电，铁锈比较脆。

【实验结论】

铁能被磁铁吸引、导电、比较硬。通过实验和观察，发现铁和铁锈有着性质上的区别，铁在生锈后出现的铁锈不再是铁，铁锈是一种新的物质，铁生锈属于化学变化。

【课堂活动记录单】

探索铁生锈的原因记录表

研究的问题				
我们的假设				
实验方法				
观察到的现象	第一天：	第二天：	第三天：	第四天：
实验结果				

铁和铁锈比较记录表

	用榔头敲击	用电路检测器检测	用磁铁吸引
铁			
铁锈			

实验五：使用弹簧测力计测量力的大小

测量力的大小

【实验基本信息】

教育科学出版社五年级上册"运动和力"单元。

【实验目的】

1. 使用弹簧测力计测量力的大小。

2. 知道力的大小是可以测量的，认识力的单位。

【实验方法及步骤】

探究活动一：认识弹簧测力计

材料准备：弹簧测力计、钩码、课堂活动记录单。

实验步骤：

1. 学生分组领取弹簧测力计进行观察。

2. 学生交流并认识弹簧测力计各部分的名称。

实验指导：弹簧测力计由提环、弹簧、指针、刻度板、挂钩组成。

3. 教师介绍力的单位。

实验指导：生活中，人们习惯用"克""千克"来表示重力和其他力的大小。科学技术上，统一规定用"牛顿"作力的单位，简称"牛"，用"N"表示。1牛≈100克力。

4. 学生分组观察并认识弹簧测力计的最大刻度值与分度值。

探究活动二：用弹簧测力计测量重力的大小

材料准备：弹簧测力计、钩码、课堂活动记录单。

实验步骤：

1. 课件出示图片，让学生尝试练习：读出各弹簧测力计的示数。

2. 学生学习弹簧测力计的注意事项。

注意事项：

（1）拿起测力计，先检查指针是不是指在"0"位置。

（2）读数时，视线与指针相平。

（3）测量的力不能超出测力计的测量范围。

3. 学生分组用弹簧测力计测量物体的重力大小并做好实验记录。

实验指导：先估计物体的重力大小，再实际测量，做好记录。

4. 学生完成实验后，教师引导学生交流。

【实验结论】

弹簧测力计是用来测量力的大小的仪器。弹簧测力计的结构包括提环、弹簧、指针、刻度板、拉钩五部分，弹簧测力计是利用弹簧"受力大，伸长长"的特性来测量力的大小的。力的单位是"牛顿"，简称"牛"，用"N"表示，1牛≈100克力。

【实验教学拓展反思】

在使用弹簧测力计时，一定要注意弹簧测力计的使用注意事项。

【课堂活动记录单】

用弹簧测力计测量物体重力大小

物体名称	估计重力大小（N）	实测重力大小（N）	估计和实测差距（N）

实验六：研究拉力大小与改变小车运动快慢的关系

让小车运动起来

【实验基本信息】

教育科学出版社四年级上册"运动和力"单元。

【实验目的】

1. 会安装用重力拉动的小车，会研究拉力大小与小车运动快慢之间的关系，能用实验数据证明自己的推测。

2. 通过观察、思考、实证和研讨，知道力可以使静止的物体运动，也可以使运动的物体静止，认识力的基本作用。

【实验方法及步骤】

探究活动一：让小车动起来

材料准备：小车、回形针、棉绳、垫圈、挂钩、秒表、计算器、课堂活动记录单。

实验步骤：

1. 分组安装自己的小车。

2. 系上回形针，看能否拉动小车。

3. 挂上一个垫圈，看能否拉动小车。

4. 继续研究几个垫圈才能拉动小车。

让小车动起来

实验指导：一个一个地增加垫圈，使得小车刚好运动起来。

5. 实验小结：让运动的小车静止，也需要用力，这个力是阻力。让小车运动起来的力是动力。

探究活动二：探索小车运动与拉力大小之间的关系

材料准备：小车、棉绳、垫圈、挂钩、秒表、计算器、课堂活动记录单。

实验步骤：

1. 学生分组讨论：大小不同的拉力怎样影响小车的运动？

预设：学生交流讨论，推测拉力越大，小车运动越快。

2. 小组交流实验方法和注意事项。

出示实验记录表格，明确实验要求。

实验指导：①每次实验，小车运动的距离必须相同。②建议多个、有规律地增加垫圈，并重复做3次实验。③秒表控制员负责开始发令，并站在终点处控制。④小车控制员不能用手推车，并注意车的行驶路线。

3.学生分组实验,获得数据。

4.学生交流实验发现,用证据证明猜想。

【实验现象】

拉力的大小与垫圈数量有关,垫圈数量越多,小车运动的速度越快。

【实验结论】

1.只有拉力达到一定的程度,小车才会运动起来。拉力越大,小车运动越快。

2.要使静止的小车运动起来,需要给它动力;如果要使运动的小车静止,要给它阻力。

【实验教学拓展反思】

科学实证讲究方法。方法得当,实验标准,才是有效的实证,才能提供科学的数据作为实证的支撑。实验结论的推敲也不能只停留在实验数据,同时也需要反思整合实验过程,以及实验设计是否科学标准,这样可以更好地得出实验结论。

【课堂活动记录单】

拉力大小 (垫圈个数)	小车运动的快慢(从起点到终点的时间)			
	第1次	第2次	第3次	我选择的数据

实验七：观察生产生活中的摩擦力现象

运动与摩擦力

【实验基本信息】

教育科学出版社四年级上册"运动和力"单元。

【实验目的】

1. 通过实验探究摩擦力的大小与物体的运动方式有关，一般滚动时所受到的摩擦力小，滑动时所受到的摩擦力大。

2. 会用垫圈数表示摩擦力的大小，并对比不同运动方式下的测量结果。

【实验方法及步骤】

探究活动一：直接拉动重物

材料准备：实验用纸盒、粗线、托盘、铁垫圈、课堂活动记录单。

实验步骤：

1. 学生分组讨论：我们直接拉动重物，可能需要多大的力？

2. 学生设计实验，选取实验材料。

3. 学生明确实验要求。

温馨提示：①垫圈一个一个放，放均匀。②重复实验三次，计算平均值。③将数据记录在活动手册中。④小组内明确分工，相互合作。

4. 学生分组实验，记录实验现象。

5. 学生交流实验发现。

6. 实验小结：像纸盒装载重物这样的运动方式，我们称为滑动。

探究活动二：使用滚木拉动重物

材料准备：实验用纸盒、粗线、托盘、铁垫圈、圆铅笔、课堂活动记录单。

实验步骤：

1.学生分组讨论：古人有什么好方法拉动重物？

2.学生设计实验，选取实验材料。

3.学生说说实验中还要注意什么，明确实验要求。

4.学生实验，记录实验现象。

5.学生交流实验发现。

提问：滚木是如何带着重物前进的？用滚木移动重物有什么优点和缺点？

6.实验小结：像滚木带着重物前进的运动方式，我们称为滚动。

探究活动三：改进滚木，使用轮子拉动重物

材料准备：实验用纸盒、粗线、托盘、铁垫圈、小车轮、车轴、课堂活动记录单。

实验步骤：

1.学生分组讨论：我们有比使用滚木更好的办法搬运重物吗？

2.学生设计实验，选取实验材料。

3.学生说说实验中还要注意什么，明确实验要求。

4.学生实验，记录实验现象。

5.学生交流实验发现。

提问：轮子是如何运动的？用轮子和滚木相比有什么好处？

6.实验小结：使用轮子搬运重物最省力也最方便。

【实验结论】

摩擦力的大小与物体的运动方式有关，一般滚动时所受到的摩擦力小，滑动时所受到的摩擦力大。

【实验教学拓展反思】

本课三个进阶实验设计，包含了滑动摩擦力和滚动摩擦力（木棍和轮子）

的对比实验，最终得出用轮子的滚动摩擦力最小。虽然探究的深度不够完全，但是已符合基于生活的摩擦力原理基本需要。实验中渗透对比实验的基本理念：只改变运动方式，其他条件不变。

【课堂活动记录单】

用不同方式搬运重物时拉力大小的记录表

搬运重物（纸盒）的方式	拉力的大小（填垫圈个数）			
	第1次	第2次	第3次	平均值
直接滑动				
使用滚木				
使用轮子				
我发现				

 实验八：观察生产生活中的弹力现象

用橡皮筋驱动小车

【实验基本信息】

教育科学出版社四年级上册"运动和力"单元。

【实验目的】

1. 会安装用橡皮筋做动力的小车；探究橡皮筋缠绕的圈数与小车运动距离的关系。

2. 认同收集数据作为证据、进行解释的重要性。

【实验方法及步骤】

探究活动一：如何用橡皮筋驱动小车

材料准备： 橡皮筋、小车、课堂活动记录单。

实验步骤：

1.学生讨论实验方法：橡皮筋应该绕在小车的哪个部位才能让小车动起来？

实验指导： 橡皮筋一端固定在车尾、车身上，另一端要绕在前轮车轴上。

2. 教师介绍两种方向的橡皮筋缠绕方法。（轴上绕、轴下绕）

小车

3.学生分组活动，用橡皮筋让小车动起来。

4.学生交流实验发现。

探究活动二：橡皮筋缠绕圈数与小车行驶距离的关系

材料准备： 橡皮筋、小车、皮尺、微视频、课堂活动记录单。

实验步骤：

1.学生思考：通过刚才的活动，你觉得在什么情况下，小车会行驶得远一点？

预设：橡皮筋多绕几圈。

2.学生分组讨论下列问题，师生共同归纳实验方法。

问题①：橡皮筋缠绕时，怎样算一圈？

问题②：如何测量小车行驶距离？

问题③：为了让现象更加明显，我们可以设计分别缠绕几圈橡皮筋？

问题④：每组实验测几次为宜？如何取平均值？

3.学生分组活动。

注意事项：

（1）缠绕好橡皮筋的小车摆放在起点，轻轻松手，不得外加任何力量。

（2）小车停止运动后，测量行驶距离。

（3）同圈数的实验反复做3次，并做好记录。

（4）实验结束后，将实验材料放回原处。

（5）计算本组的平均值，分析实验数据。

4.学生交流实验发现。

【实验现象】

通过处理与分析实验数据，我们发现：橡皮筋缠绕圈数越多，小车行驶距离越远。

【实验结论】

活动一结论：在橡皮筋两种方向缠绕下，小车运动方向是不一样的，所以想要让小车向前运动，我们应该采用的方法是：橡皮筋从车轴上方钩在车轴上，向后转动车轮。

活动二结论：在一定限度内，橡皮筋缠绕的圈数多，产生的弹力大，作用在小车上的时间长，小车行驶得远；橡皮筋缠绕的圈数少，产生的弹力小，作用在小车上的时间短，小车行驶得近。

【课堂活动记录单】

橡皮筋缠绕的圈数	试验次数	从起点到终点的距离（厘米）		小车行驶距离（远、中等、近）
		测量距离	平均距离	
	1			
	2			
	3			
	1			
	2			
	3			
	1			
	2			
	3			
我发现：橡皮筋缠绕圈数越多，橡皮筋被拉伸的长度越____，橡皮筋产生的弹力越____，驱动小车行驶的距离越____				

实验九：观察生活中的浮力现象

用浮的材料造船

【实验基本信息】

教育科学出版社五年级下册"船的研究"单元。

【实验目的】

1. 能根据要求，用图文结合的方式设计竹筏；会对其性能进行测试，并不断改进结构，提高船的载重量和稳定性。

2. 通过设计、制作并测试竹筏，知道浮的材料可以造船，认识到改变材料的结构可以改变船的载重量和稳定性。

【实验方法及步骤】

探究活动一：制作竹筏

材料准备：竹竿、木条、橡皮筋、课堂活动记录单。

实验步骤：

1. 设计竹筏。

（1）明确任务：制作一个竹筏模型。

（2）明确要求：画出设计图，并加上简单的文字说明；根据设计图来制作竹筏模型；竹筏牢固、不散架，并能稳定地浮在水面上。

2. 学生活动：以小组为单位，讨论设计方案，并汇报交流，说明设计的结构与理由。

教师引导：说说你设计的竹筏结构是怎样的？为什么这样设计？

3. 播放制作竹筏的指导视频，学生根据自己的设计方案进行制作。

探究活动二：测试竹筏

材料准备：水槽、垫圈若干、课堂活动记录单。

实验步骤：

1. 学生分组讨论：在测试竹筏时，我们需要注意什么？

2. 播放测试竹筏的指导视频，梳理注意事项。

（1）等竹筏稳定后再放垫圈。

（2）轻轻放，放均匀。

（3）注意不能让水浸湿垫圈。

（4）观察竹筏的稳定性怎么样。

3. 学生分组测试，教师巡视指导。

4. 学生交流实验发现。

【实验结论】

相比于独木舟，竹筏的底部更宽，在水中的稳定性更好。同时能够装载更多的货物。从独木舟到竹筏，是一次技术的进步！

 实验十：探究光沿直线传播的现象

光是怎样传播的

【实验基本信息】

教育科学出版社五年级上册"光"单元。

【实验目的】

1. 会设计验证光是沿直线传播的实验，发现光的传播特点。

2. 在实验中能认真观察、勤于思考，能根据实验结果，实事求是地进行分析、推理。

【实验方法及步骤】

探究活动一：光是怎样传播的探索

材料准备：手电筒、矩形卡纸（其中三张有孔）、课堂活动记录单。

实验步骤：

1.出示实验材料，分组讨论并设计实验方案。

2.学生交流汇报实验方案。

实验指导：①在三张卡纸的同一位置上分别打一个小孔。②两端折边分别固定，并直立在桌子上。③两张卡纸间隔约15厘米，保持所有小孔在一条直线上。④在第三张打孔的卡纸约15厘米处，立一张卡纸作为纸屏。⑤拉上窗帘，关闭灯光，保证室内处于昏暗环境。

3.学生小组实验，教师巡视指导。

4.学生交流实验发现，并在记录纸上画一画光的传播路径。

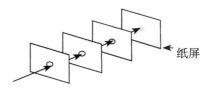

画光的传播路径1

5.实验小结：光是沿着直线传播的。

探究活动二：横向移动中间有孔卡纸观察光斑的探索

材料准备：手电筒、卡纸、课堂活动记录单。

实验步骤：

1.分组讨论：横向移动中间的一张有孔卡纸，会看到什么现象？

2.分组设计实验方案，交流汇报方案。

实验指导：①横向移动中间的一张有孔卡纸，向左或向右移动5厘米。②做实验3次，直到能够清晰看到光斑。③观察光斑，记录光的行进路线。

3.学生小组实验，教师巡视指导。

4.学生交流实验发现，并在记录纸上画一画光的传播路径。

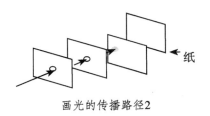

画光的传播路径2

【实验结论】

光是沿着直线传播的。

【实验教学拓展反思】

光会怎样传播？

这个问题问得不清楚，往往会产生歧义。

当学生看到灯泡发光，屋子里全部都亮了，学生会认为光是四面八方传播的，这种认识没有错，但是教师要把这种现象与光的直线传播统一起来。

每一条光线都是沿直线传播的，不会向四面八方传播。灯泡的光线有很多条，光线向着不同的方向传播，但是每一条光线仍然是沿直线传播的。所以，正确的表述是：光线沿直线传播。

 实验十一：观察光的反射现象

光的反射现象

【实验基本信息】

教育科学出版社五年级上册"光"单元。

【实验目的】

1. 观察日常生活情境，发现光的反射现象，能提出探究问题及假设，并动手实验。

2. 通过不断重复光的反射实验，发现光的反射现象及其规律。

【实验方法及步骤】

探究活动：光的反射实验

材料准备：镜子、激光笔、纸屏、直尺、记号笔、课堂活动记录单。

实验步骤：

1. 出示实验材料。

（1）学生分组讨论：在不移动激光笔的情况下，是否能使激光笔光反射到屏上。

（2）学生思考交流：光是从哪里射进来，又从哪里反射出去？

2. 引导学生绘制反射路径。师生交流绘画方式。

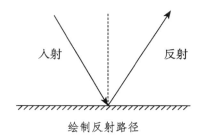

绘制反射路径

3. 挑战1：在不移动激光笔的情况下，你能利用镜子使激光笔发出的光反射到纸屏标记处吗？（纸屏上有多个标记处）

4. 挑战2：多次实验后，你能预测平面镜会将反射光反射到什么位置吗？

5. 小组活动探究，教师巡视。

6. 展示挑战成果。

【实验结论】

光遇见镜子时会发生反射现象，传播方向会发生变化；入射光在镜面发生

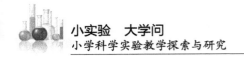

反射；入射光是直线传播，反射光也是直线传播；光在反射过程中，反射角等于入射角。

【实验教学拓展反思】

反射角和折射角的关系是什么？

入射角是入射光线与入射表面法线的夹角，反射角是指反射光线与界面法线的夹角。在光学里，入射角是原因，反射角是结果，反射角等于入射角。

 实验十二：观察光通过三棱镜的色散现象

认识棱镜

【实验基本信息】

教育科学出版社五年级上册"光"单元。

【实验目的】

1. 针对问题，能设计白光通过棱镜的实验方案，如实记录和描述看到的现象；通过设计、制作和旋转彩色轮，推测并描述色光混合后的变化。

2. 通过比较、分析等方法，发现各种色光在不同介质中发生折射的程度不一样，初步建立光与颜色的关系。

【实验方法及步骤】

探究活动：观察白光通过三棱镜后发生的变化

材料准备：强光手电筒、三棱镜、白纸、课堂活动记录单。

实验步骤：

活动一：认识三棱镜

1.学生分组领取"三棱镜"并观察。

实验指导：提醒学生注意轻拿轻放。

2.交流：三棱镜有什么结构特点？

3.实验小结：三棱镜具有三条棱，横切面是三角形，透明的玻璃体。

活动二：让光通过三棱镜

1.学生分组实验。

实验指导：①在桌上立起一张白纸，关闭教室中所有的灯，拉上窗帘。②打开手电筒，让光通过三棱镜（三棱镜距离卡纸大约20厘米）。③慢慢调整三棱镜的角度，在白纸上观察到什么？把你观察到的现象画在课堂活动记录单上。

2.学生交流实验发现。

【实验结论】

我们常见的太阳光等白光通过三棱镜后出现了七种不同颜色的光。

【实验教学拓展反思】

1.三棱镜对光起到了什么作用？

我们肉眼所见的几乎白色的光，其实是由许多不同颜色的光组成的。三棱镜的作用是使不同颜色的光发生折射的程度不一样，所以当白光进入棱镜时，就出现了红、橙、黄、绿、蓝、靛、紫七种颜色的光。其他物体发出的光也具有不同的混合颜色。

2.彩虹是怎样形成的？

彩虹是阳光射到空气的水滴里，发生反射和折射后形成的色散现象，彩虹由红、橙、黄、绿、蓝、靛、紫七种颜色组成。

3.为什么冬天很少见到彩虹呢？

冬天气温低，在空气中不容易存在小水滴，下雨机会少。

实验十三：观察生活中能的各种形式及相互转化

电能从哪里来

【实验基本信息】

教育科学出版社六年级上册"能量"单元。

【实验目的】

1. 通过模拟发电实验，认识电能产生的过程。
2. 能利用表格整理各种发电厂将何种能量转化成电能。

【实验方法及步骤】

探究活动：模拟发电

材料准备： 指南针、灯座、小灯泡、导线、电动机、棉线、手摇发电机、课堂活动记录单。

实验步骤：

活动一：组装发电装置

1. 学生分组领取材料：指南针、灯座、小灯泡、导线、电动机、棉线、手摇发电机。

2. 学生分组讨论：有什么方法可以知道转动小电机是否产生了电呢？

预设：连接小灯泡，看看小灯泡会不会亮起来。

3. 教师演示：将装有小灯泡的灯座与小电动机用两根导线连接，转动小电动机。

提问：小灯泡没有亮，是不是肯定没有产生电呢？

预设：可能电量太小了，无法让小灯泡亮起来。

4．学生分组组装电流检测器来检测无法让小灯泡发亮的电池是否还有电。

5．学生交流实验发现。

6．实验小结：观察到指南针发生了偏转，说明转动小电动机是会产生电的，但是转动小电动机产生的电量太小，没有办法让小灯泡亮起来。

活动二：改装发电装置

1．学生分组讨论：我们有什么办法可以通过转动小电动机让小灯泡亮起来吗？

预设：让小电动机转得更快些。

2．汇报交流讨论结果。

实验指导：我们可以将棉线绕在转子上，通过快速抽动棉线，让转子转得更快些，试试能不能让小灯泡亮起来。

3．学生分组实验。

4．实验小结：转动小电动机可以产生电，转得越快发出的电量越大。通过转动让小电动机产生电，现在它就成了发电机。

活动三：发电站的电是从哪里来的

1．学生分组讨论：发电厂的电是怎么来的呢？

2．阅读资料（播放课件），完成课堂活动记录单。

3．学生交流资料整理结果。

【实验结论】

发电机的发电原理都一样。其他能量先转化为动能，使发电机转动起来，转化成电能。能量的转化真的很奇妙。合理运用自然的力量，可以造福人类，我们今天的生活几乎离不开电，用电量越来越多，科学家还在不断地探索更环保的发电方法。

【课堂活动记录单】

电能的来源和转化

能量转化器	使用的能量形式	输出的能量形式
电池	化学能	电能
太阳能电池板	太阳能	

春华秋实

——实验教学改进创新

一把小刀的启示

——浅谈小学自然实验教学准备

上完《食物的营养》实验课，五（一）班的四个男生拿着实验报告来问我："老师，鸡蛋、梨、黄瓜、瘦肉中到底含不含淀粉？其他组的实验报告中都写着这几种食品滴加碘水不会变蓝，不含淀粉。为什么我们做实验时，这八种食品滴加碘水后又变蓝了呢？"说完，他们把实验器材摆上我的讲台，让我看他们的实验现象。只见他们组用于实验的各种食物——熟土豆、包子、馒头、米饭、鸡蛋、梨、黄瓜、瘦肉、蛋糕，大小不等凌乱地摆在实验托盘中，有的食品还混杂在一起，大部分食物上都呈现出滴加碘水后醒目的蓝色；托盘旁边摆着一把小刀，刀上还残留着一些类似蛋黄、土豆泥的混合物。望着那把小刀，我明白了问题的症结。于是我让这几位学生取来一些干净的食品、一个干净的托盘、一把干净的小刀、一盘清水、一块干净抹布、一瓶碘水。在我的指导下，重新实验。实验前，我还特别交代，摆放食品时要保持一定距离，避免混合，得出错误原因；学生认识到小刀每使用一次，都要清洗并擦干。在这次实验中，由于实验方法正确，鸡蛋、梨、黄瓜、瘦肉等食品滴加碘水后不变色，证明不含淀粉，与事实相符。

学生走后，我拿起那把沾满食品混合物的小刀，认真思索当前的实验教学课前准备情况，觉得要上好自然实验课，课前准备必须做到以下几点。

一、实验教学装备亟待加强

自然实验室目前还缺乏一些非常必要的实验装备，如制CO时用的启普发生器、演示原电池的简单电路、演示电热的电热切割器等。当然由于大多数自然课在装备要求上并不严格，所以并未配备，多数需要找到代用品或利用废旧材料简单加工，这就要求实验室根据教材需要积极组织教师、学生利用课余时间进行加工，并妥善收藏。这样不仅可以补充实验室装备，还有利于培养学生的创造力、想象力和动手能力。

二、实验课前需认真检查实验器材

实验课前，教师要预先把实验试做一至两次，在实验过程中，要做到对实验中可能出现的问题及学生会遇到的困难心中有数。实验器材更要逐一检查，如酒精灯，须检查酒精的剂量是否足够，灯芯是否完好，是否可以点燃，如铁架台，要看螺丝是否松紧适度，要保证学生能顺利调节铁夹高度；如小灯座，要保持内部接触良好，能让灯泡亮起来。只有器材完好，才能保证实验顺利进行。另外，实验器材在数量上还要留有余地，如试管、烧杯等易碎的玻璃器皿更要多准备，以防实验过程器材破损，影响实验进度。

三、鼓励学生参与实验准备

让学生自己动手准备实验，不仅能弥补教学器材的不足，而且还能提高学生的学习兴趣。在"食物的营养"实验中，教师只负责准备铁架台、托盘、酒精灯、碘水、镊子、培养皿这些必须用到的器材，而所有的食品都由学生自己准备。事实证明，准备过程中学生积极性极高，他们完全按照教师要求准备好各种各样的食品，这样不仅减少了教师准备实验的时间，还更好地提高学生参与的积极性。

即使实验设备最齐全的学校，面对这么多学生，有些实验要用的零星材料还是缺乏的，如导线、药剂瓶、各种纸盒要收集全班学生所需的数量很困难，但是如果让学生自己动手，每人只须准备一小部分，就容易多了。

四、教师必须有处理实验中突发事件的准备

在实验过程中，通常会遇到一些突发事件，影响到实验效果，所以教师必须在准备实验时充分考虑解决方法。例如，演示铁丝在氧气中燃烧实验，氧气瓶中需加少量的水，以免火星四溅炸裂集气瓶底部。又如，"食物的营养"实验中小刀要保持干净，以免引起食物混合，造成实验结果错误。再如，在

"空气占据空间"实验中有一个将砝码放入装满水的烧杯中，解释物体占据空间的实验，如果砝码太轻，实验现象不明显，不能达到教学效果，所以必须注意用较重砝码。诸如此类问题，教师在课前均需考虑到，并确保能及时处理。

自然实验在自然教学中起着举足轻重的作用，课前准备则是实验成功的保证。如何做好实验教学准备还需广大教师共同探索。

小学科学课实验教学策略初探

小学科学课程是以培养科学素养为宗旨的科学启蒙课程，《义务教育科学课程标准（2022年版）》特别强调学生科学探究的过程与方法，强调将科学探究落实到课堂教学中，让学生在科学课中，以小组合作的方式，充分利用实验器材，自己去探究、理解和掌握科学知识，亲自体验科学实验成功的喜悦。而在一个完整的探究过程中，实验操作是必不可少的环节。因此，在新课改中实验教学的开展非常重要，以下是笔者近年来在科学课实验教学方面的探索，希望能与广大同仁共同探讨。

一、充分做好实验教学课前准备工作

1. 充分利用学校现有资源

小学科学课具有很大的开放性，这种开放性表现在学习的内容、教学活动的组织、小组合作、教学评价等多个方面，使学生有更大、更广的选择性。学生可以自由地选择自己喜爱的、感兴趣的学习内容，可以自由地选择探究的方式，还可以自由地按自己设计的思路选择需要的实验器材。这意味着科学实验教学也具有更强的开放性，也意味着我们可以更加充分地利用学校现有的一切资源。

随着九年义务教育的普及，各所学校的教学仪器和实验室配备都相当的齐全，这些资源不能浪费。我们应该合理地安排各年级的使用时间，根据教材开设所有的演示实验和分组实验。学校的操场、植物园、花池、草丛也是很好的实验场所，比如，"我看到了什么""我的大树""寻访小动物""植物的一生""测量太阳的高度"等实验课都可以在这些场所。随着科学技术的飞速发展，计算机网络已经进入课堂，计算机辅助教学的互交性、知识的大容量性，实物投影的真实性，录像的灵活性、不受时空限制等特点都为教师进行课堂实验教学带来了很大的便利。教学中常有一些宏观的自然现象或者需长时间才能感知的事物，因受时间和空间的制约，无法让学生亲眼看见，如"植物的一生""动物的生命历程"等；一些微观的事物和微小的变化，无法通过仪器设备让学生进行观察，如"面包发霉了""萌发的种子""我来造一张纸"等。这些问题我们都可以利用学校的多媒体资源来解决。

2. 自制、改制教具和学具

实验教学开展活动需要实验器材，由于大多数科学课在装备要求上并不严格，所以小学科学实验室的配备并不完善。如果实验教学所需材料缺少的话，我们可以从身边收集，也可以自制、改制一些教具和学具。比如，"磁铁的两极"中的木架台，"寻访小动物"中的简易捉虫器，"我们在生长"中的测量身高的刻度表等，都可以发动学生自己做。又如，"我们在生长"中测量肺活量的仪器学生操作很困难，"反冲"中演示液体反冲的装置不适合学生探究，我们可以根据需要进行改造。只要我们动脑去想，就可以自制和改制出许多对教学有用的教具和学具。这样不仅可以补充实验室装备，还有利于培养学生的创造力、想象力和动手能力。

3. 鼓励学生参与实验准备

让学生自己动手准备实验，不仅能弥补教学器材的不足，而且还能提高学生的学习兴趣。比如，在上《各种各样的叶》课之前，我让学生准备树叶；上《寻访小动物》课之前，我让学生准备一些小动物；在上《蜗牛和蟑虫》课之前，我让学生准备蜗牛和蟑虫；上《我们自己》课之前，我让学生准备从小到大的照片和小时候穿过的衣服；上《一天的食物》课之前，我让学生准备各种各样的食物；上《各种各样的岩石》课之前，我让学生准备岩石。准备过程中学生的积极性特别高，他们完全能按照教师的要求去做。为了准备最多的树叶，有些学生利用星期天结伴去了苏仙岭森林公园；为了准备蜗牛和蝗虫，有些学生把家附近的草丛、花园翻了个遍；为了准备各种各样的食物，学生特意和妈妈一起去逛超市；为了准备更多的岩石标本，有一个学生甚至坐了一个多小时的车，专门到柿竹园有色金属矿找舅舅帮忙。

事实证明，让学生自己动手准备实验，不仅减少了教师准备实验所需的时间，还解决了科学实验所需的零星材料难以准备的问题，更重要的是准备工作都是学生自己积极、主动、自觉参与的，所以实验效果都非常好。

4. 做好处理实验中突发事件的准备

在实验过程中，遇到一些突发事件是常有的事。教师在准备实验时，除了做好充分的准备尽量避免意外的发生，还要考虑好解决突发情况的方法。比如在上《淀粉的踪迹》《我们的身体从食物中获得什么》的课中切割食物的小刀一定要保持干净，以免引起食物混合，造成实验结果错误；在《马铃薯在水中是沉还是浮》的课中学生取清水和盐水的容器、加热清水和盐水的汤匙都要做好标记，以免混淆；在《生的食物和熟的食物》的课中煮生玉米粒的烧杯里水不能加得太多，以免浪费太多的时间来加热水；等等。

二、正确扮演实验教学课中的教师角色

以探究活动为核心的科学教学过程，不再是教师照本宣读教科书和刻板地执行教案的过程，学生才是探究活动的主体，这也就要求教师在实验教学课中必须正确扮演好自己的角色。

1. 教师是学生科学探究的引导者

在科学探究学习活动中，教师的引导能够激发学生学习科学的兴趣，但是如果引导不当的话，就有可能打击学生学习科学的热情。这也就要求我们在设计科学探究形式的时候一定要注意：根据教学内容和实际情况，合理安排教材；准备充足的材料，能保证让学生最大限度地动手；创设各种情境，让学生无意识地提出新问题；帮助他们选择适当的探究目标，引导他们顺利地开展科学探究活动。

2. 教师是学生科学探究的合作者

心理学研究证明，学生的意志情感比较脆弱，他们在自主学习的过程中，

一旦遇到困难往往会产生畏惧心理，如果不及时疏导，时间长了学生就会丧失自主求知、不断进取的信心。为此，教师在课堂上要给学生以心理上和知识上的支持。笔者反对以讲知识为中心，但笔者认为该讲的知识还是要讲，该指导的地方还是要去指导，特别是可操作性知识、注意事项，一定要教。在实验教学中，教师应当通过自己的规范操作、画龙点睛的解说，帮助学生形成正确实验操作概念，并能熟练地完成实验操作。教师应当创设良好的学习氛围，组织学生有效地交流和流畅地思考；采用各种适当的方式，给学生以心理上的安全感和精神上的鼓励，使学生探索热情更加高涨。教师还应当在学生学习有困难时，能以一个有针对性的问题来启迪学生，让学生在黑暗中发现引路灯，走出困惑，找到光明。让学生感觉你是他的合作者，时刻在他身边。

3. 教师是学生科学探究的参与者

在科学探究的过程中，教师需要与学生一起寻找答案。当我们面对一个自己无法回答的问题，除了轻松地说"我不知道"，还应该再加一句"让我们一起来寻找"，教师对未知领域不必惶惶不安，而是需要引导被好奇心所激发的学生一起进行研究，不要让他们盲目地摸索，与他们共同分享发现的快乐。

三、精心组织实验教学课外研究活动

科学探究活动是小学科学课程实施的主要形式，因此课堂上教师也以活动开展教学。但在实施过程中，受困于40分钟的教学时间带来的结果是该开展的活动不够充分、该深入的活动却没有时间进一步深入。因此我们科学教师应该要想办法打破课内外的界限，让学生带着问题走出教室，实现课内外科学探究的有机结合，使学生的学习兴趣持续发展。比如，教学《各种各样的叶》一课时，笔者要求学生课后把采集到的各种各样的叶做成标本或叶画，并让学生自己挑选出做得好的作品贴在黑板报上，供大家欣赏。又如，在教《晴雨画》一课时，笔者组织学生课后用课堂上做好的晴雨画来预测天气，让他们记录下来，并计算出预测结果的正确率。再如，在教《奇妙的指纹》一课时，笔者给感兴趣的学生一张指纹档案表，让他们回家去研究自己和爸爸妈妈的指纹；在教《磁铁的两极》一课时，笔者让学生在家利用磁铁的两极的性质做一件玩具。这样的教学，真正做到学中玩，玩中学，大大提高了学生学习科学的兴趣。科技创新活动是郴州市一完小的传统活动，每年11月我们科学组都会组织感兴趣的学生听科技讲座，号召并帮助他们制作科技作品，我们把做好的科技作品收集上来进行评选，并举办优秀科技作品展供全校师生参观。2004年起我们还增加了海、陆、空"三模"竞赛，这个项目学生特别喜欢，参加的学生也特别多。

这些活动不仅是科学课的延伸，更使学生的学习兴趣持续发展，收到"一石激起千层浪"的效果。

四、认真写好实验教学课后反思笔记

几年的科学课教学实践，让笔者养成了课后写教学反思笔记的习惯。笔者认为实验课后写教学反思笔记是非常重要的，也是非常必要的。每当上完一节实验课，笔者就会在头脑里"过电影"。有时笔者会为教学任务的顺利完成，课上出现的生动活泼的场面感到欣慰；有时也会为不协调的教学活动感到苦恼。这时如果能及时分析教学上的得失，并把自己感想、体会记下来，提醒自己在今后的教学中注意，不断改进，就可以逐步摸索出教学规律，取得事半功倍之效。记得笔者第一次上科学实验公开课《晴雨画》时，每次试教都遇到同一个问题，只要实验器材一摆上桌，大多学生在听课、讨论、做实验汇报时不能认真地听讲，他们的心思都停留在桌上的实验器材上，教学效果总是不够理想。笔者把这个情况写进了反思笔记，不断地提醒自己想办法解决。经过数不清多少次的思考、讨论和实验，一直到几年后笔者才想到了一个特别的方法解决这个问题。那就是笔者上市级科学比武课《磁铁的两极》时，把教室设计成教学区和实验区，讲课、讨论、汇报在教学区进行，实验时才到实验区，做完实验又回到教学区。虽然这个办法的推广性亟待商讨，但是笔者在上比武课《磁铁的两极》时，不但自己用了这个办法，还推荐很多年轻教师也用了这个办法，教学效果都特别好。

教学反思可以记载教学目标完成的情况，也可以记载在教学过程中是怎样解决重点、难点的；记载选择了什么样的教学方法，使用了哪些教具，设计了什么样的板书和练习，从中摸索出哪些规律等。还可以写一写自己教学上的不足，比如，笔者在《磁铁的两极》试教时就有教学评价语言不够生动、面部表情不够亲切等问题，笔者及时地把这些记录下来，以提醒自己不断改进。我们甚至还可以向学生征询不喜欢听教师讲课的原因，积极地从主观上找问题或请教同行，动脑筋、想办法解决，让学生真正地爱上、想上科学实验课。至于学生的质疑和独到见解，凡能反映学生思想认识水平和学习深度、广度的，更有必要选记下来。此外，课堂上的偶发事件，学生练习中的错例，或教师偶发的感受，也可以写上三言两语，作为以后教学研究、撰写论文的参考。

认真写好实验课后反思笔记，既是积累、总结教学经验，也可弥补自己的教学之不足。如果我们能够长期坚持写课后反思笔记，做到有感必记，有记必思，我们的实验教学水平一定能不断地提高和升华，最终还能形成自己独特的实验教学风格。

"探索土地被侵蚀的因素"实验改进

"探索土地被侵蚀的因素"这一组实验是教科版教材五年级上册第二单元《地球表面的变化》中的重要内容。其教学目标就是通过对比实验验证植物的覆盖、坡度的高低、降雨量的大小是影响土壤侵蚀程度的重点因素。这个实验活动有利于学生拓展对侵蚀现象的认识，为引导学生关注如何减少土地的侵蚀，保护自己的家园奠定良好的基础。

五年级上册第二单元"地球表面的变化"是新教科版新增设的内容。通过这几年的教学我们发现《探索土地被侵蚀的因素》一课中原实验有以下几点不足之处。

（1）原实验中所需器材体积较大，操作不方便，实验室的器材数量有限，通常只有一套。我们要用一套器材来完成3组6个实验，很烦琐，一节课根本没办法完成。而且作为对比实验，实验组和对照组不能同时进行，这是缺乏科学性的。

（2）原实验在操作时，至少需要3人同时进行，多人同时操作，容易分散学生注意力，同时也阻挡了其他学生的视线，影响到学生观察实验现象。

（3）原实验中所需要的泥土较多，我们估计了一下，3组实验大约需要6公斤的土壤。本课的教学目的是让学生形成一种保护土壤的意识，这种浪费土壤资源的实验，反而成为不好的示范。

（4）原实验中不但需要大量的土壤，也要使用大量的水。土多、水多，整个实验装置重量很大，学生操作有难度，所以很难进行分组实验，不利于学生自主探究。

基于以上几点，我们对"探索土地被侵蚀的因素"这一实验装置进行了创新与改进。右图就是我们改进后的实验装置。

在这一课中围绕"土地被侵蚀的因素有什么"这一问题我们主要从植物的覆盖、坡度的高低、降雨量的大小三个方面进行探索，所以，我们需要做3组对比实验。

改进后的实验装置

我们通过观察每一组实验中被雨水冲刷下来的泥土的数量来验证土壤被侵蚀的程度，泥土剩余多的说明被侵蚀程度小，泥土剩余少的说明被侵蚀程度大。

实验一：探索有无植被覆盖对于土地侵蚀的影响。

实验方法：我们设无植被的土地为实验组，有植被的为对照组。控制实验组和对照组的土量都为100克、坡度为10°和降雨器上相对应的地方都有相同大小的11个孔。在降雨器的入水口倒入250毫升的清水，降雨器能同时降雨，观察雨水对土地的侵蚀。大家看到无植被的实验组流出的水混浊，说明雨水对土地的侵蚀大；有植被的对照组流出的水清澈，说明雨水对土地的侵蚀小。根据实验，学生也很快得出了雨水对土地的侵蚀与植被覆盖有关。

实验二：探索坡度的大小对于土地的侵蚀的影响。

实验方法：调节实验装置上的坡度调节器。我们设坡度20°的为实验组，坡度10°的为对照组。控制实验组和对照组的土量都为100克、都无植被且雨量一致。观察雨水对土地的侵蚀。大家看到坡度大的实验组流下的泥土较多，说明雨水对土地的侵蚀大；坡度小的对照组流下的泥土相对少，说明雨水对土地的侵蚀小。根据实验，学生很快得出了雨水对土地的侵蚀与坡度的大小有关。

实验三：探索降雨量的大小对于土地侵蚀的影响。

实验方法：我们设降雨量大的为实验组，降雨量小的为对照组。笔者设计的降雨器一边为11个大孔，降的雨量大；另一边为11个小孔，降的雨量小。控制实验组和对照组的土量都为100克、都无植被且坡度都为10°，观察雨水对土地的侵蚀。大家看到降雨量大的实验组流下的泥土较多，说明雨水对土地的侵蚀大；降雨量小的对照组流下的泥土相对少，说明雨水对土地的侵蚀小。根据实验，学生也很快得出了雨水对土地的侵蚀与降雨量大小有关。

改进后的实验装置有以下几个优点。

（1）由于实验组和对照组可以同时进行实验，并且能很好地控制实验中的不变量，实验效果十分明显。学生一眼就能看到实验现象，增强了实验中的对比性与直观性。学生能根据实验现象很快做出比较从而得出结论，能清晰地明白植物的覆盖、坡度的高低、降雨量的大小是影响土壤侵蚀程度的重要因素。

（2）以前至少3个人才能操作的实验，通过改进简化为可一人操作，不仅增强了实验的可操作性，让每一名学生都能轻松地完成实验，而且排除了视线干扰，学生观察起来更为方便。学生在一节课中可以完成3组实验，有效地缩短了实验时间，为学生提供了更多的探究机会，有效地培养了学生的探究能力。

（3）实验改进后，减少了土壤和水的用量，原实验至少需要6000克的土和1000毫升的水才能完成；改进后实验只需600克的土和750毫升的水就可让学生观察到很明显的实验现象。不仅节约了大量土壤和水资源，而且还起到了节约和保护资源的示范作用。

（4）改进后的这套实验装置是由空饮料瓶和装修废料组成的，学生能很轻松地在身边找到这些材料。实验装置的制作方法也很简单，稍加指导，学生都能很轻松地完成。不仅激发学生自主探究的兴趣，而且增强了他们的环保意识，学会废物利用、变废为宝。

"污水和污水处理"实验改进

　　科学课程要从学生的认知特点和生活经验出发，让他们在熟悉的生活情景中感受科学的重要性，了解科学与日常生活的密切关系，逐步学会分析和解决与科学有关的一些简单的实际问题。"污水和污水处理"是教科版教材五年级下册第四单元"环境与我们"中的内容。本课的知识与技能目标为掌握两个科学概念，一是水污染主要是人类的活动造成的；二是污水需经过复杂的处理才能使用。过程与方法目标为做污水净化实验。情感、态度与价值观目标为增强保护水资源的意识和责任感。本课的教学重点是充分认识水污染主要是由于人类活动造成的，增强保护水资源的意识和责任感。教学难点是通过做污水净化实验让学生理解污水净化过程中各个环节的作用。

　　"水是生命之源"，在水资源日益减少的今天，保护水源、减少水污染越来越被人们重视。然而在教材中该内容只有知识点，并没有设计实验。教师只能通过对教材中废水处理系统示意图的讲解来进行教学，讲解起来非常抽象，学生听起来非常枯燥无味，不能很好地帮助学生理解教学内容，达成教学目标。

　　通过对比教材中"废水处理系统示意图"和"城市污水处理厂实景图"，笔者认为原教材内容有以下不足之处：

　　（1）教材中只有知识点，没有实验设计，缺乏直观性，学生理解起来有一定的难度，不能很好地激发学生的学习兴趣。

　　（2）教材中的图示过于简单，不能完整地展示污水处理的工艺流程，更谈不上利用图示帮助学生理解污水处理过程中各环节的作用，导致教师在教学过程无法突破教学重难点。

　　（3）教材中过于简单的图示容易误导学生，误以为污水处理是一个很简单的过程，忽视污水的危害，不利于学生环保意识和责任感的培养。

（4）由于缺乏污水净化实验设计，在本课教学过程中学生缺少了科学实验探究过程，不符合新课程标准中学生认知规律及学习方式的要求。

基于以上的不足，笔者设计了城市污水处理系统模拟实验，并自制了这样一个实验装置。城市污水处理是指为改变污水性质，使其对环境水域不产生危害而采取的措施，这个装置完整地模拟了城市污水处理厂的工艺流程。每天，千千万万个家庭的生活污水都会汇聚在这里，进入污水处理厂。首先，污水进入粗格栅，隔出体积较大的固体垃圾。接着，进入细格栅，隔出较小的固体垃圾。然后，污水进入沉沙池，利用离心力将污水中的细沙等小颗粒固体沉淀下来。再进入曝气池也就是生化池，这是整个污水处理中最为关键也是最为重要的一部分。曝气池中含有大量的活性污泥，这些活性污泥能够有效地将各种复杂的有机物氧化降解为简单的物质，并吸附住污水中的各种磷、氮成分。最后，从曝气池中出来的污水进入沉淀池，这个时候吸附了各种污染物的活性污泥慢慢地沉淀了下来，经过两次沉淀的水再经过紫外线消毒才能达到排放要求。每一滴污水，从入水口开始到排放，平均的净化时间达到了十个小时，由此可见，污水处理是一个多么复杂的过程。

污水处理系统模拟实验装置采用了非常常见的材料。最后，分别是透明昆虫盒、玻璃管、橡胶管、小电机、氧泵、铁丝、纱网、丝袜、荧光棒等。采用透明昆虫盒模拟水池，玻璃管模拟管道、橡胶管模拟弯道、小电机模拟沉沙池中的螺旋桨，氧泵模拟曝气池中的曝气装置，荧光棒模拟紫外线消毒。所有材料都是可以从实验室找得到的。

本实验装置有以下几个创新之处。

（1）这个模拟实验的设立填补了教材中只有知识点无实验设计的空白。

（2）本装置直观地、有层次地展示了污水处理的各个流程，能够帮助学生很清晰地理解污水处理过程中各个环节的作用。

（3）实验过程清晰、流畅，给学生带来了强烈的视觉冲击，引发了学生的思维冲突，激发了学生的学习兴趣，增强了学生的环保意识。

（4）实验操作简单，效果明显，为教学提供了便利。

（5）实验装置的设计和制作，与学生合作探究，符合《义务教育科学课程标准（2022年版）》学生认知规律及学习方式的要求。

（6）通过这个模拟实验不仅能够让学生直观地了解水的净化过程是一个很艰巨的过程，还能激发学生爱护水源、保护水源、节约用水的环保意识。

经过改进后的城市污水处理系统模拟实验教学效果非常好。

"摩擦力"教学中教具学具运用探索

实施以创新精神和实践能力为重点的素质教育，基本的指导思想是要以学生发展为本。因而要求改变学生的学习方式，使之形成一种主动探求知识，并重视解决实际问题的积极的学习方式。因此，教师在教学过程中，应精心设计教学过程，充分利用教具与学具，发挥实验教学在自然科学知识学习中的功能和作用，启发学生通过利用手中的学具进行观察实验，从而达到自行探求和应用知识的目的。以下就是笔者在"摩擦力"教学中教具、学具运用的一些探索，希望能与大家一起研究。

一、运用现代教学手段展示现象，进行情景体验

随着社会的发展，现代化的教学手段和设备越来越多地进入学校，这些现代化的教学媒体以视、听两个渠道同时传播信息，而且图像清晰、声音逼真、色彩艳丽、感染力强，能很好地激发学生的学习兴趣。在教学《摩擦力》一课时，课前教师利用摄影机把学生平时课间玩的与摩擦力有关的"拉人滑行"游戏拍摄下来，再利用电脑对画面进行处理，强调"接触面"以及"被拉物体"的差异与游戏的好玩程度的对比。上课时，利用多媒体设备将学生熟悉的画面播放出来，然后让学生回忆：这个游戏在什么情况下比较好玩？学生根据已有的经验纷纷发言，说出了"轻的好拉，重的不好拉；在光滑的地方拉好玩，在粗糙地方拉不好玩"的经验。

二、利用学具，提出问题，进行假设性讨论

根据学生已有的经验，先让学生将手放在桌面上滑动，亲身体验摩擦力的存在，再让学生自己动手触摸，用眼观察学具，分组进行假设性讨论，从而提出"摩擦力的产生大概与接触面的粗糙程度和被拉物体的重量有关"的假设。

三、运用学具进行实验研究，从而得出科学结论

学生已经提出了假设，我们就应该创造机会让他们自己去验证假设是否正确。这时我们可以提出一些要求，让他们充分运用学具进行分组研究。因为假设有两种情况，所以研究也可以从两个方向开展。

第一，在接触面不变时，被拉物体重量与摩擦力大小的关系；第二，在被拉物体重量不变时，接触面粗糙程度与摩擦力大小的关系。学生可以自由分组，自己决定研究方向，但是要求他们实验时每人都要各负其责，认真仔细地研究，准确无误地记录，要像科学家那样严谨、严格、严肃地对待科学工作，不能粗心大意，每一个实验数据都要如实地记录下来。

通过运用学具进行研究，得出了以下结论：接触面相同时，被拉物体轻，摩擦力小，被拉物体重，摩擦力大；被拉物相同时，接触面粗糙，摩擦力大，接触面光滑，摩擦力小。

四、运用学具，拓展应用所学知识

通过学习，学生已经掌握了摩擦力的知识，接下来，我们可以充分应用学具，从以下三个方面来让学生拓展应用所学知识。

（1）用学具设计一个小实验，看看怎样才能增大摩擦力，怎样才能减小摩擦力。这个实验也可以从两个方向开展，让学生自由选择，甚至允许他们同时选择两个方向进行研究。很快学生就利用学具找到了"安轮子""减轻被拉物体重量""将物体放在光滑的白卡纸上运动"等减小摩擦力的方法，以及"加大被拉物体重量""将物体放在砂纸上运动""在砂纸上垫上毛巾、棉布"等增大摩擦力的方法。

（2）利用多媒体展示生活中的一些小画面或者展示教材中的插图，让学生

分析这些做法是为了增大还是减小摩擦力。学生通过自己的学习和研究，都能很快地分析得出正确的结论。

（3）举办一次"摩擦力是增大好还是减小好"的辩论会。辩论会的正方反方分组完全由学生自由选择，辩论内容也由他们自由发挥。因为这一堂课都是学生自己在研究，所以辩论时他们也非常地投入，学生以最热门的"四驱赛车"为主线，围绕着车轮、跑道、车子装备重量及轨道的路面情况等展开了激烈的辩论，正反两方互不相让，各抒己见，一直持续到下课铃响还意犹未尽。

浅谈小学科学"探究斜面省力装置"实验创新

作为一名从事小学自然、科学教学工作已经23年的专职小学科学教师，笔者完整地经历了新一轮小学科学课程改革的全过程。随着课改的不断推进、深化，科学教材中的一些原型实验越发凸显出复杂、材料难找、不好操作、实验效果不明显、不能满足学生实验探究需求等不足。为了更好地培养学生的创新精神和实验能力，提高课堂教学效果，许多教师对现有教材中的实验原型进行了实验原理、设计、材料、方法、仪器、装置等方面的改进和完善。我也和其他小学科学教师一样尝试着进行实验创新，现将笔者的"探究斜面省力装置"一些做法和大家交流、分享。

作为科学课程学习主体的小学生，在面对纷繁复杂的科学世界时，会产生无比的激情和盎然的兴趣。因此，在科学教学中，我们可以从学生的认知特点和生活经验出发，让他们在熟悉的生活情景中感受科学的重要性，了解科学与日常生活的密切关系，逐步学会分析和解决与科学有关的一些简单的实际问题。

在日常生活中，学生常常会接触到斜面，如盘山公路、滑梯、自动扶梯、立交桥等。在教科版小学科学六年级上册"工具与技术"单元第2课《斜面》，所学习的就是"斜面的作用"。依据课程标准笔者制定了如下三维教学目标。

（1）知识与技能目标：①知道斜面能省力；②知道斜面坡度越小越省力，越大越不省力；③了解斜面原理在生活中的运用。

（2）过程与方法目标：经历完整的"斜面省力"探究活动，学会用实验证据来说明斜面省力，培养学生的实验设计能力和动手能力。

（3）情感、态度与价值观目标：培养学生积极参与科学实验，注重科学事实、敢于提出不同见解、乐于合作与交流的意识，激发研究生活中科学现象的兴趣。

本课的教学重点是通过探究实验，让学生用实验数据来说明斜面的省力规律；教学难点是理解斜面的坡度大小与斜面省力的关系。

教材中为了突出重点、突破难点，设计了一系列实验，实验原型如下：

在教学过程中，我发现，实验原型存在以下不足：首先因为实验室提供的斜面组装不方便、高度不能调节，难以满足学生的探究需要；再者因为学生受年龄因素及操作能力的影响，在实验时常常会出现小车和测力计难以达到匀速运动的要求、拉力方向与小车运动方向不一致等问题，所以学生难以获得比较准确的实验数据；还有就是因为没有准确的数据，所以学生难以界定对比实验中的变量——坡度的大小。针对以上不足，笔者设计并自制了"探究斜面省力装置"，如图所示。

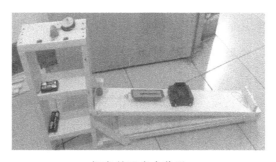

探究斜面省力装置

这套装置需要这些材料有：木板、减速电机、滑轮、开关、测力计、小车等。

本实验装置有以下几个非常好的创新之处：

（1）利用电动机匀速转动拉动测力计和小车，从而获得准确的数据。

（2）利用定滑轮和带有垫片的测力计，保证了测力计和小车沿一条直线运动。

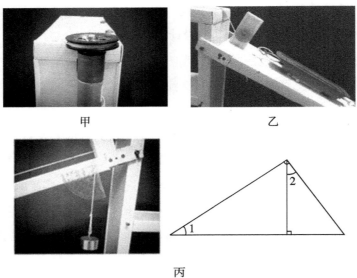

甲　　　　　　　　乙

丙

实验装置创新处

（3）针对学生难以理解的坡度问题，笔者利用量角器和重锤自制"斜面坡度测量仪"测出斜面的坡度。这样直观地为学生呈现了斜面的坡度大小，加深了学生对坡度的理解。

（4）渗透循环利用、变废为宝等生态文明理念，一物多用。该装置除了能用于探究斜面作用，还能用于"我们的小缆车""运动与摩擦力""滑动与滚动"等课的教学。

（5）利用以前学过的电学知识，使实验操作更为方便，并激发学生研究科学现象的兴趣，同时让学生认识到科学知识在生活中无处不在。

参考文献

中华人民共和国教育部.全日制义务教育科学（3～6年级）课程标准（实验稿）［M］.北京：北京师范大学出版社，2001.

巧用组合教具创新"产生气体的变化"
小苏打和白醋实验

《义务教育科学课程标准（2011年版）》指出：技术与工程领域的学习可以使学生有机会综合所学的各方面知识体验科学技术，对个人生活和社会发展的影响。技术与工程实践活动可以使学生体会到"做"的成功和乐趣，并养成通过"动手做"解决问题的习惯。

科学知识运用于技术会产生许多创新。小学科学教师在教学过程中，如果能将相关的科学知识运用于实验装置改进，不仅能提高教师的工程技术水平和创新能力，还能提高学生将科学知识运用于技术的兴趣。

"产生气体的变化"是教科版教材六年级下册第四单元"物质的变化"第2课的教学内容。本课对应的大概念内容：物体具有一定的特征材料，具有一定的性能；学习目标。知道物质发生变化时常常会伴随一些现象，如产生气体；物质发生化学变化会产生新的物质；小苏打和白醋混合后有明显的化学反应现象，当醋酸与小苏打反应时，一种新物质——二氧化碳就生成了。

一、实验原型分析

教材中实验原型如下：

（1）观察气体产生的变化：准备六个塑料瓶盖，把它们分成两组，每组三个瓶盖。在每一组的三个瓶盖中，分别加入少量的白砂糖、食盐和小苏打。然后，在第一组的三个瓶盖中滴入水，在第二组的三个瓶盖中加入白醋，观察哪个瓶盖内有气泡产生。

（2）收集产生的气体：取一个能盛水的密封袋，在里面放入三勺白醋。在一个塑料瓶盖中加入一勺小苏打，再把它小心地放进密封袋中，注意不要让小苏打与白醋接触。先封好袋口，再打翻袋中的瓶盖，让小苏打与白醋混合，观察有什么现象发生。

在教学实践过程中，笔者发现教材中"产生气体的变化"实验原型存在以下不足。

1. 关于实验药品用量

教材中没有给出瓶盖大小及药品用量数据建议，学生取用药品完全凭感觉，很容易造成浪费，不利于学生对比实验中数字概念的建立。

2. 关于对产生的气体——二氧化碳的认定

教科版教材中对"反应产生的气体"没有任何说明，只在"研讨"部分提了两个问题：①通过查阅资料，你知道小苏打和白醋混合产生的气体是什么吗？②这种气体有什么特点？和人类有什么关系？六年级学生已经具备一定的科学素养，他们喜欢运用证据来判断课堂上一系列活动的结果。学生非常希望能通过实验来认识并了解这种气体，但教材并没有提供更多的建议和信息。

二、实验装置介绍

针对以上不足，笔者根据小苏打、白醋、二氧化碳的性质以及该化学反应发生时的实验现象等特性改造了教具，创新制作了"'产生气体的反应'小苏打和白醋实验"组合教具。

本教具主要材料是有机玻璃和PVC胶水，由有机玻璃盒、反应盒、澄清石灰水盒、蜡烛支架、反应盒盖五个部分组成，属于组合型教具。

1. 有机玻璃盒

该部分为装置主体，系一透明长方体盒，可视效果好。盒子五面封闭，顶端无盖，所有实验均可以在盒子里一次完成。

设计原理：有机玻璃盒集收纳、防风、防泄漏功能于一体，既可减少反应生成气体的扩散、防止外界因素的影响，又可避免实验器材、药品散乱无序。

2. 反应盒

该部分由主反应盒及废液盒粘贴而成。较高的一侧为主反应盒，主反应盒为竖立的透明长方体，下端密闭，上端不封顶，有可活动盖。主反应盒其余四面设计为三面高，一面低，三面与有机玻璃盒等高，一面约有机玻璃盒三分之一的高度。

设计原理：小苏打与白醋反应产生的气体是二氧化碳，比空气重，向下沉。这样的设计可引导比空气重的二氧化碳从主反应盒较低的一面向下扩散，并直接进入澄清石灰水盒、蜡烛支架区域开始其他实验环节。

废液盒与主反应盒较低的那面等高，并拼接在主反应盒低的这面。

设计原理：小苏打与白醋混合后反应比较剧烈，主反应盒可能有充满气泡的液体溢出，在此侧设计废液盒可用于接集废液，以免流入其他区域干扰下一个实验环节。

3. 蜡烛支架

蜡烛支架为"L"形，竖立的部分与有机玻璃盒等高，横平的部分像两级阶梯，有一高一低两个位置。在混合小苏打与白醋之前，需点燃两截短蜡烛分别固定在两节阶梯位置，高处蜡烛顶部略高于废液盒。

设计原理：小苏打与白醋混合后反应生成的气体是二氧化碳，一高一低两个位置蜡烛的熄灭可证明二氧化碳不支持蜡烛燃烧。熄灭的顺序可为"二氧化碳与空气孰轻孰重"提供证据，如果高处的蜡烛先熄灭，可以证明产生的气体比空气轻；如果低处的蜡烛先熄灭，则证明产生的气体比空气重。

4. 澄清石灰水盒

澄清石灰水盒由一个无顶长方形盒及长方形把柄粘贴而成，长方形把柄与有机玻璃盒等高，长方形盒与废液盒等高。

设计原理：二氧化碳具有使澄清石灰水变浑浊的特性，此实验可以为"反应产生的气体二氧化碳"提供证据。

5. 反应盒盖

主反应盒盖是可活动盖，属于实验辅助工具。

三、使用方法及步骤

"产生气体的反应"小苏打和白醋实验组合教具使用方法及步骤如下。

实验前准备：将创新教具、蜡烛、火柴及实验药品等依次摆放在实验桌上，按要求分别称量小苏打、白醋和澄清石灰水。

实验过程：

（1）将40毫升白醋倒入主反应盒。

（2）加入30毫升澄清石灰水。

（3）将两截短蜡烛分别固定在蜡烛支架的两级阶梯，点燃蜡烛。

（4）将反应盒、澄清石灰水盒、蜡烛支架依此放入玻璃罩中相应位置。

（5）在反应盒中加入2克小苏打。

四、实验现象观察及实验分析

（1）小苏打和白醋混合后，可以观察到小苏打和白醋反应剧烈，有大量气泡产生。实验分析：该反应产生了新物质——气体，属于化学反应。

（2）随着气泡的产生，低处的蜡烛先熄灭，高处的蜡烛后熄灭。实验分析：该反应产生的气体比空气重，且不支持燃烧。

（3）澄清石灰水变混浊了。实验分析：使澄清石灰水变浑浊是二氧化碳气体的特性，此实验证明该反应产生的气体是二氧化碳。

实验现象一　　　　　　　　　　　　实验现象二

（4）反应结束后，拿出主反应盒，触手清凉。实验分析：该反应为吸热反应。

五、组合教具创新点

本教具有以下几个创新之处。

（1）装置设计为组合式，不仅便于加装药品、清洗装置及处理和倾倒废液，还便于运输、收纳。

（2）整个实验过程在四面密闭的装置进行，大大减少了外界因素的影响；不仅避免了因气体扩散带来的不便，也避免倾倒气体时流出液体。

（3）通过计算，明确了药品的量。学生分组实验用药为40毫升白醋和2克小苏打；教师演示实验用药为40毫升白醋、2克小苏打、30毫升澄清石灰水及两支1.5厘米长的蜡烛。不仅能对学生进行天平、量筒、小刀、火柴的使用技术训练，还可帮助学生建立比较准确的数字概念。

（4）教具主材料是有机玻璃，透明、可视效果棒。不仅可以观察到小苏打和白醋混合后的变化，也能观察到支架上一高一低两个位置的蜡烛熄灭顺序及澄清石灰水变混浊的现象。学生可以看到一个直观的现象，弥补了教科书中没有二氧化碳性质实验而留下的遗憾。

（5）目前，我国小学科学教学中工程和技术还比较薄弱，学生运用所学知识解决身边问答的意识和动手"做"能力均偏差。但是，在"产生气体的变化"小苏打和白醋实验组合教具创新改造过程中，有部分学生也主动参与进来，给教师提要求、提建议并直接动手操作。在教具的制作和迭代过程中，学生体会到"做"的成功和乐趣。

笔者相信，通过实验教具创新改造活动，无论是教师还是学生，不仅技术与工程素养均能提升，还能养成利用所学知识来解决遇到问题的习惯。

参考文献

[1] 中华人民共和国教育部. 义务教育科学课程标准 [M]. 北京：北京师范大学出版社，2011.

[2] 哈伦. 以大概念理念进行科学教育 [M]. 韦钰，译. 北京：科学普及出版社，2016.

巧用信息技术，助力小学科学课堂教学

——以教科版《月相变化的规律》为例

《国家中长期教育改革和发展规划纲要（2010—2020年）》明确指出：鼓励学生利用信息手段主动学习、自主学习，增强运用信息技术分析解决问题能力。加快信息技术全面普及和运用。

随着互联网络时代的到来，信息技术给教育领域注入了新鲜的血液，最大限度地把学生的创造性、主动性、积极性发挥出来，提高学生对科学课堂信息的获取、收集、处理、分析、理解等能力。下面，将以教科版教材三年级下册第三单元《太阳、地球和月球》第4课《月相变化的规律》为例，说说笔者在这一课中的信息技术运用。

一、信息技术资源准备

硬件：平板电脑、自制教具"月相变化模拟装置"。

软件：资源包（与月相相关的图片及视频资料）、"日出日落月相"App及使用方法微课、希沃课件（思维导图、课堂互动活动、遮罩技术、移动技术、同屏技术等）。

二、信息技术使用策略

1. 巧用视频，聚焦探究问题

"月相"这个科学概念其实蕴含着一个周期性的动态变化过程，对三年级学生来说是比较难懂的。因此，在聚焦环节笔者以充满童趣的视频故事《月亮姑娘》为切入点，利用故事情节引导学生思考"为什么裁缝师傅没法给月亮姑娘做衣服？"巧妙聚焦问题"月相周期性动态变化规律"，激发学生探究的兴趣。

2. 巧用App，落实探究实践

月相探究实践是一个比较漫长且复杂的活动，容易受到天气及月相出现的时间段等因素干扰，大多数学生难以坚持完成所有记录，而"日出日落月相"App的运用可以完美地解决这些问题，在课堂教学中，将月相观察探究实践活动落到实处。

学生通过看微课学习"日出日落月相"App使用技术，利用学到的技术在平板电脑上自主查询任意时段的月相，把观察到的月相用画图的方式记录下来。这样，只需15分钟，学生不仅能完整地观察、记录农历一个月每一天的月相，为下一步分析整理月相变化的规律奠定基础；还能查到任意一年某一天的月出月落时间、每一种月相及对应的名称等相关信息，为后续研究提供保障。

3. 巧用希沃，优化课堂训练

俄国教育学家乌申斯基说："没有任何兴趣，而被迫进行的学习，会扼杀学生掌握知识的意愿。"在课堂上，学生完成观察活动后，还需要通过分析记录的月相图片，找出一个月月相变化的规律。为此，笔者利用希沃智慧黑板技术优化课堂训练，设计了一系列课堂活动。

（1）运用希沃白板的"课堂活动"功能，设计了"分组竞争"——认一认。学生一对一比拼，分辨月相的图片、名称是否与提示语中的"上半月""下半月"相符，限定时间内，选出正确选项越多的获胜。这一环节，学生兴趣盎然，不仅强化了"根据亮面位置来区分上下半月月相"的思维方向，还水到渠成总结出月相变化的规律，即上半月月相亮面在右边，下半月月相亮面在左边。

（2）接下来，运用希沃白板的"移动"功能，设计了"趣味练习"——摆一摆。将一个月中最具代表性的12种月相图片放在待选区，学生将图片拖到对应位置，按顺序摆出一个月月相变化的顺序，可以选择摆成"圆形"或"一字形"。这一环节，学生开动脑筋、积极思考、认真辨认；不仅摆出了正确的顺序，还进一步发现了月相变化的规律，即上半月月相亮面由缺到圆，下半月月相亮面为由圆到缺。

优化后的课堂训练童趣满满、寓教于乐，最大限度地把学生的积极性、主动性调动起来。不仅提高了学生对科学课堂信息的获取、分析、理解等能力，

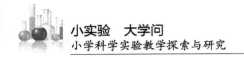

降低了学生学习的困难程度，还让教师更好地完成了教学目标。

4. 巧用教具，加深知识理解

为了加深学生对"月相周期性动态变化规律"的理解，笔者使用了自制的基于信息技术的"月相变化模拟器"。该装置应用了信息技术，这台仪器不仅能反复模拟连续一个月的月相变化或选择一个月中任意一天的月相进行观察，还能帮助学生答疑解惑，比如，帮助学生理解每一种月相出现时日、地、月三者的位置关系等。最有趣的是，当学生提出"如果月球自身能发光，我们还能观察到月相的变化吗？""如果月球是透明的，我们还能观察到月相的变化吗？"等问题时，也能马上模拟实验，帮助学生进一步加深了对月亮、月相知识的理解。

总之，科学教师将现代信息技术真正融入小学科学课堂教学过程中，就能最大限度地把学生的创造性、主动性、积极性发挥出来，使他们在教学过程中能够有所收获、有所启发，真正做到乐学、善学、好学。

自制教具"单摆演示器"技术资料

一、教具名称

单摆演示器。

二、教具制作人

湖南省郴州市湘南学院附属小学陈盈。

三、教具的教学意义和价值

在小学科学课堂学习中，"摆"是教科版五年级下册的科学实验探究学习中一项重要内容，是学生学习的重点和难点。

教材原有的摆的模型是由铁架台、细绳、螺母组成的简单的单摆，在实际教学中，这种简单的单摆在研究摆的运动快慢与摆长、摆锤重量和摆幅的关系时，遇到了不少问题。

（1）量角器与单摆结合，可测量摆线长度以及摆角大小。用螺母作为摆重，增加或减少重量时，难以把握重心位置。

（2）摆绳的长度不好控制。学生在改变摆绳长短时，绳结须反复拆解，学生操作困难。具体表现为绳子系不紧，系绳子花费的时间过长。

（3）在改变摆幅时，因为缺少标尺，摆动的幅度只能靠学生估算，造成数字证据的缺失。

（4）在实验中，学生一边计时一边计数，很难测量出准确的数据。

基于以上种种因素，致使本实验难以保证探究的科学性和严谨性。

由此，我们对教具进行改进，改进后的"单摆演示器"具有以下特点。

1. 计时计数科学准确

在单摆底部安装了自制"计数计时器"，该装置能精确、客观地测量出单摆在单位时间内摆动的次数，更科学、更严谨地演示单摆在不同情况下摆动的情况，方便学生开展"在不同情况下摆动的快慢"研究活动。

2. 改变摆锤轻重，重心不变

利用塑料带环小球、超轻黏土、金属颗粒等自制"单摆小球摆锤"，解决了改变摆锤重量不方便的问题。该摆锤的优点有：①通过改变橡皮泥中金属颗粒的数量来改变摆锤轻重；②通过"超级电子秤"准确记录摆锤重量；③通过超轻黏土的可塑性来控制"单摆小球"中心位置。

3. 摆绳长短变化清晰

把绳子分成若干等份，并涂上不同的颜色，便自制出"多彩摆线"。利用"多彩摆线"和"固定夹"辅助学生控制摆绳长度变化。

4. 摆幅变化准确可量

支架上方安装量角器，可以准确测量摆幅大小。

四、教具装置图

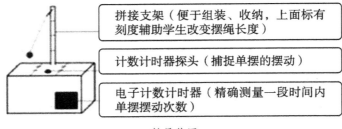

拼接支架（便于组装、收纳，上面标有刻度辅助学生改变摆绳长度）

计数计时器探头（捕捉单摆的摆动）

电子计数计时器（精确测量一段时间内单摆摆动次数）

教具装置

五、仪器特点及用途

1. 特点

本教具将信息技术融入科学教学实践活动，借用"计数计时器"准确测量单摆单位时间内摆动的次数，让学生的探究活动有据可依，使单摆的教学具象化，演示现象更为科学、严谨、有趣。

2. 用途

本教具可演示多种单摆探究实验。

（1）量角器与单摆结合，可测量摆线长度以及摆角大小。

（2）探究摆线长度对单摆周期的影响。

（3）探究摆球质量对单摆周期的影响。

（4）探究摆角大小对单摆周期的影响。

六、制作材料

环保木板、电子计数计时器、合页、磁铁、木棍、量角器、塑料小球、橡皮泥、棉线、夹子、彩笔。

七、制作方法

（1）用环保木板做成盒子，预留电子计数计时器的屏幕孔。盒顶部两端利用合页和磁铁做出开口，方便收纳。

（2）在盒内固定电子计数计时器，使探头朝向单摆运动的中心，显示屏朝向观测者。

（3）取木棍作为支架，顶端安装量角器，在支架上等距做出标记，取棉线作为摆绳。

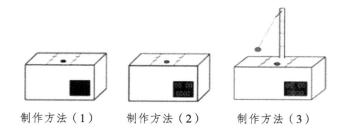

制作方法（1）　　制作方法（2）　　制作方法（3）

八、使用方法

（1）将本教具放置在水平桌面上。

（2）打开盒子，取出木棍、棉线、塑料球。

（3）将木棍拼接成支架，安装摆绳（棉线）、摆锤（塑料球）。打开电子计数计时器，使单摆运动。

（4）记录并分析数据，比较单摆在不同情况下摆动的快慢。

基于信息技术的"月相变化模拟器"实验创新

随着"互联网+教育"的发展，我校（湖南省郴州市湘南学院附属小学）科学教师团队将信息技术运用于"月相变化"实验创新，制作一台"月相变化模拟器"。这台仪器不仅能解决"月相变化"实验难观察、难理解、难操作的问题，帮助学生理解日、地、月三者的位置关系及地球自转、月球公转和同步自转，以及月相随日、地、月位置变化而变化的规律。

还能用来演示"如果月球发光，我们能否看到月相的变化？"为"月球自身不会发光"这一假设提供证据。

一、面临的主要问题

"月相变化"是教科版教材三年级下册第三单元"太阳、地球和月球"中第4课的内容。本课主要是让学生认识到月相是变化的，变化是有规律性的。在模拟月相变化的实验中，让学生初步认识到月相变化跟月球不发光有关，跟太阳照射有关，跟月球在围绕地球公转有关；培养学生对天文的兴趣。

通过教学，笔者发现教材上的月相演示实验在存在以下几个情况。

（1）实验现象难观察。原型实验中，学生在自然光条件下参观模拟月球的小球（小球一半亮面、一半暗面），并根据自己的观察画出月相。因为没有外来光源辅助，很多学生根本不知道怎么观察边界，很多同学画出的月相都添加了自己的想象。

（2）实验过程难操作。具体表现在：一是不知道日、地、月三者的位置关系。如果太阳相对不动，那么何时把地球放中间，何时把月球放中间？还有月球的亮面到底朝哪个方向？二是不能理解日、地、月三者怎么转。如果太阳相对不动，那么怎么演示地球自转和月球的自转、公转？怎么理解月球的同步自转？

（3）实验原理难理解。我们为什么能观察到月相，我们能观察到月相的变化与月球自身不发光有关，如果月球自身能发光，我们还能观察到月相的变化吗？这些原理如果只用文字描述学生很难理解。

因此，笔者沿着此思路开展了"基于信息技术的'月相变化模拟器'实验创新"，设计并制作了一台"月相变化模拟器"原型机，试图解决以上问题。

二、解决问题的主要方法

1. 基于信息技术的"月相变化模拟器"装置组成

基于信息技术的"月相变化模拟器"装置由四个部分组成。

一是实验箱，由两台调速电机、转动环、月球演示球、地球演示球、电池组成。

二是"月相变化模拟器"演示板及月球演示球（可用于分组实验）。

三是两台移动摄像头及电脑、支持软件。

四是遮光罩。

2. 基于信息技术的"月相变化模拟器"信息技术支持

调速电机及速度显示器、电脑（或平板）、移动摄像头、相关软件。

3. 基于信息技术的"月相变化模拟器"使用方法

基于信息技术的"月相变化模拟器"实验盒、演示板与移动摄像头和遮光罩组合在一起就能用来进行演示实验。

（1）将遮光罩与实验盒组装成实验装置，利用遮光罩侧面的小灯泡模拟"太阳"，位置相对不动。演示板空心的圆圈用一块挡板填充，挡板的中心位置上用一个小地球仪模拟"地球"，地球仪上的无线摄像头模拟"地球上的观测点"，小地球仪可以360度旋转模拟"地球"自转。空心的圆圈的外围设置一个转盘，转盘上固定一个没有涂色的木球来模拟"月球"，转动转盘可模拟"月球"围绕"地球"公转并同步自转。"地球"自转模拟及"月球"公转、同步自转模拟分别有两个直流调速电机控制。

（2）打开实验盒侧面的电源开关，盖上遮光罩，启动电机，根据电机旁边的显示器数字调节好"地球""月球"模拟装置的相对转速。将"移动摄像头"连接到电脑，利用"移动摄像头"配套软件便可以在电脑上观测到模拟"月相变化"的同步画面。

（3）将转盘上固定的模拟"月球"的木球换成发光的小球，就可以做学生自主探究实验——"如果月球自身能发光，我们还能参观到月相的变化吗？"模拟实验。

（4）将转盘上固定的模拟"月球"的木球换成透明的小球，就可以做学生自主探究实验——"如果月球是透明的，我们还能观察到月相的变化吗？"模拟实验。

（5）利用遮光罩侧面小灯泡上方的固定摄像头可以观察到实验盒内部"月球""地球"的相对位置，帮助学生理解月相变化的规律与"月球""地球"位置变化的联系。

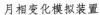

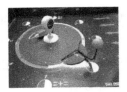

月相变化模拟装置　　　　演示板　　　　　摄像头

三、成效和经验

1. 将信息技术用于实验仪器创新

随着《义务教育科学课程标准（2022年版）》的颁布，原仪器室配备目录里的部分仪器已经不能满足目前课堂教学的需要，这就要求教师们开展实验创新。"月相变化模拟器"实验创新是对教师信息技术应用的挑战，也是将"技术改变教学"理念应用到小学科学教学实践活动的优秀案例。这一案例的成功为小学科学教师信息技术应用打开了一扇新的窗口，相信在将来，笔者团体的信息技术能力将会有大幅度提升，也可以看到更多基于信息技术的这类实验创新仪器。

2. 将信息技术用于仪器功能、使用方法讲解

基于信息技术的"月相变化模拟器"是一种新仪器，为了帮助教师和学生了解它的使用方法和功能，笔者团队拍摄了一系列微课并制作了二维码。师生在课前、课中、课后等各个环节只要用手机扫一扫二维码，就能随时随地观看这些数字资料，实现碎片化学习、个性化学习。

3. 将信息技术用于学生实验探究

"地球与宇宙科学"一直是最神秘、最抽象的，也是学生最好奇的领域，基于信息技术的"月相变化模拟器"实验创新案例的成功为学生开展这一领域的实验探究提供了可能，如"如果月球自身能发光，我们还能观察到月相的变化吗？"模拟实验、"如果月球是透明的，我们还能观察到月相的变化吗？"模拟实验，这一装置都能为学生提供一个完美的答案。

四、专家点评

基于信息技术的"月相变化模拟器"创新有以下优势。

（1）解决了实验难观察、难理解、难操作的问题，帮助学生理解日、地、月三者的位置关系及地球自转、月球公转和同步自转，以及月相随日、地、月位置变化而变化的规律。

（2）该装置因为应用了信息技术，现象更直观、更明显，操作也变得简单。

（3）该装置还可以用来演示"如果月球发光，我们能否看到月相的变化？"等探究实验，并为这些假设提供直观证据。

（4）该装置已经获得国家知识产权局颁发的实用新型专利，授权公开号：CN209765900U。